水下隧道结构健康监测
技术与应用

黄 俊　沈 阳　张忠宇　张 巍　邵理阳　著

科学出版社

北 京

内 容 简 介

本书针对水下隧道结构健康监测技术与应用展开论述,详细阐述了水下隧道结构健康监测技术的背景与意义,在水下隧道结构健康监测技术的发展现状、水下隧道结构健康监测系统的总体和硬件设计及软件平台开发、水下隧道结构健康监测系统的维护、水下隧道结构健康监测系统的升级改造等方面进行了阐述,并给出了水下隧道结构健康监测系统在典型水下隧道工程中的应用案例,对读者了解水下隧道结构健康监测技术及解决实际应用中产生的问题有所帮助。

本书可供隧道工程设计、施工和管理人员以及水下隧道结构健康监测相关从业人员参考,也可供隧道工程等专业的本科生参考。

图书在版编目(CIP)数据

水下隧道结构健康监测技术与应用/黄俊等著. —北京:科学出版社,2022.11

ISBN 978-7-03-072871-5

Ⅰ.①水… Ⅱ.①黄… Ⅲ.①水下隧道–隧道工程–工程施工–监督管理 Ⅳ.①U459.5

中国版本图书馆 CIP 数据核字(2022)第 149035 号

责任编辑:姚庆爽 李 策 / 责任校对:崔向琳
责任印制:吴兆东 / 封面设计:蓝正设计

科 学 出 版 社 出版
北京东黄城根北街 16 号
邮政编码:100717
http://www.sciencep.com

北京厚诚则铭印刷科技有限公司 印刷
科学出版社发行 各地新华书店经销
*
2022 年 11 月第 一 版 开本:720×1000 B5
2023 年 10 月第三次印刷 印张:13 1/4
字数:262 000
定价:118.00 元
(如有印装质量问题,我社负责调换)

前　言

近年来，优先考虑采用水下隧道作为跨越江河湖海的方式，在国外已逐渐形成趋势。随着我国经济发达程度的提高、水下隧道修建技术的日臻完善以及人们环保意识的不断增加，水下隧道正在逐步取代桥梁作为穿越水体的首选方案。因此，我国在近期及其后相当长一段时间内，都将处于水下隧道建设的高速发展期，未来我国水下隧道的体量及相应的管理养护工作量势必极为可观。

目前，我国城市水下隧道的数量迅速增加，进入运营养护阶段的水下隧道随之增加。水下隧道结构随着运营期的增加逐渐趋于危险，而采用水下隧道结构健康监测作为结构安全管理的手段已经成为隧道管理者的关注点。水下隧道结构健康监测是指利用现场的无损传感技术，通过对包括结构响应的隧道系统特性分析，检测隧道结构损伤和退化发生的位置，分析发生损伤(或退化)的原因，并对隧道整体的健康状态做出评价。运营隧道的健康监测评估不仅可对服役隧道提供日常的养护管理和决策，还对接近或达到使用寿命的重点隧道运营管理维修及其新生命周期的再造合理决策有重要的指导作用，然而，水下隧道结构健康监测系统的应用过程中出现了传感器失效、结构病害把控不到位、系统实施不合理、结构安全评价方法不健全以及大数据平台缺失等问题。

依托住房和城乡建设部科学技术项目"城市水下隧道结构安全及健康诊断技术研究"(2018-K4-019)，在水下隧道结构健康监测运营，水下隧道结构健康监测系统的架构和功能设计、管理和养护、升级改造等方面取得了一定的成果。但水下隧道结构健康监测涉及土木工程、仪器仪表工程、计算机工程、通信工程、软件工程等众多学科和领域，同时经历隧道设计、施工以及运营等阶段，因此如何确保水下隧道结构健康监测系统在隧道全寿命周期内的高质量和高可靠运行，仍是一项长期复杂的系统性工程，有待于多学科和专业人员的协作研究和深入探索。

本书共6章，第1章系统介绍水下隧道结构健康监测技术的发展现状与修建方法，阐明水下隧道运营期典型病害类型及成因，介绍水下隧道结构健康监测的内容。第2章阐明水下隧道结构健康监测系统的核心内容，分别从水下隧道结构健康监测系统的总体设计、硬件设计以及软件平台开发等角度展开讨论，介绍水下隧道结构健康监测系统的软件架构、硬件架构及其主要功能。第3章介绍水下隧道结构健康监测系统在不同工法修建的水下隧道工程中的应用，分析水下隧道结构健康监测系统的设计情况和应用效果，明确水下隧道结构健康监测系统对确保隧道安全运营的重要意义。第 4 章基于运营水下隧道结构健康监测系统的排查工作，分析运营水下隧道结构健康监测系统的现状，揭示传感器模块的故障分布特性，阐明水下隧道结构健康监测系统管理养护的必要性，建立水下隧道结构健康监测系统的养护和管理体系。第 5 章分析水下隧道结构健康监测系统升级改造的难点，基于南京应天大街长江隧道结构健康监测系统的现状，揭示水下隧道结构健康监测系统升级改造的迫切性和必要性，从监测内容、监测软件系统、监测预警预报体系设计、监测系统维护措施以及水下隧道结构健康监测系统升级改造过程中的协调措施等方面介绍水下隧道结构健康监测系统升级改造的内容。第 6 章是总结与展望。

苏交科集团股份有限公司、南京大学、南方科技大学等对本书前期的课题研究提供了广泛的支持，特此致谢。本书撰写过程中，苏交科集团股份有限公司陈喜坤、董飞、李奥、邹鸿浩、黄杰等参与了文献收集、图表绘制、校稿等工作，在此一并致谢。

由于作者水平有限，书中难免存在不足之处，敬请读者批评指正。

作　者

2022 年 2 月

目　　录

第1章 概　　述

1.1　水下隧道的特点

1.1.1　水下隧道的发展现状

我国内陆及沿海水域辽阔，改革开放以来，国内经济腾飞推动了交通事业的蓬勃发展，跨越江河湖海等水域的现实需求日益增多。跨越江河湖海的可选方式目前主要有轮渡、桥梁与水下隧道等三种。其中，轮渡投资最少，但受制于运量小、等候时间长且极易受气候影响等不利因素，与现代城市快节奏交通运输需求日益脱节，因此近年来使用得越来越少。桥梁是目前跨越江河湖海的最常用方式，但随着建成数量的不断攀升，其局限性日益显现。在大雪、大风与大雾等极端气候环境下，无法保证全天候通行；桥梁净空高度限制了通行船舶的吨位，并且为了避免撞船事故的发生，航行船速也受到了限制；同时，城市道路与主桥相连接需要修建引桥，往往带来高昂的拆迁成本。水下隧道是指在地表水体以下岩土体内建造的隧道，与轮渡和桥梁相比，水下隧道方案穿越水体，在建设期成本往往偏高，尽管如此，水下隧道仍然具有显著的优势[1-3]，包括：全天候通行，不受极端气候变化影响；不占航道净空，不影响航运，不干扰岸上航务设施；建设时能做到不拆迁或少拆迁，对环境破坏相对较小；具有较强的抵抗自然灾害和战争破坏的能力，可兼做人防设施；结构耐久性相对较好，维修管养成本较低；与桥梁相比，水下隧道保留了原有自然景观风貌，实现了工程与环境的和谐统一。

近年来，优先考虑采用水下隧道作为跨越江河湖海的方式，在国外已逐渐形成趋势，表 1-1 列举了国外的一些典型水下隧道工程的情况。

表 1-1　国外典型水下隧道工程

序号	隧道名称	国家	建成时间	隧道长度/km	修建方法
1	巴尔的摩港隧道	美国	1957	1.92	沉管法
2	汉普顿公路桥 1 号隧道	美国	1957	2.091	沉管法
3	切萨皮克湾隧道	美国	1964	1.75	沉管法
4	鹿特丹地铁隧道	荷兰	1968	2.855	沉管法

序号	隧道名称	国家	建成时间	隧道长度/km	修建方法
5	巴拉那隧道	阿根廷	1969	2.367	沉管法
6	旧金山湾区快速路隧道	美国	1970	5.825	沉管法
7	新关门隧道	日本	1975	18.7	钻爆法
8	汉普顿公路桥2号隧道	美国	1976	2.229	沉管法
9	苏伊士运河隧道	埃及	1980	5.9	盾构法
10	海姆斯普尔隧道	荷兰	1980	1.475	沉管法
11	瓦尔德隧道	挪威	1981	2.892	钻爆法
12	麦克亨利堡隧道	美国	1987	1.646	沉管法
13	埃灵岛隧道	挪威	1987	3.52	钻爆法
14	青函海底隧道	日本	1988	53.9	钻爆法
15	美国664号州际公路默里纳克-梅里马克纪念桥隧道	美国	1992	1.425	沉管法
16	次峡湾隧道	挪威	1992	5.875	钻爆法
17	多摩川隧道	日本	1994	1.549	沉管法
18	英法海峡隧道	英国-法国	1994	8.32/8.68	盾构法
19	斯多贝尔特海峡隧道	丹麦	1995	7.917	盾构法
20	东京湾海底隧道	日本	1996	9.6	盾构法
21	厄勒海峡隧道	丹麦-瑞典	2000	3.56	沉管法
22	博姆拉湾隧道	挪威	2000	7.931	钻爆法
23	西斯海尔特河隧道	荷兰	2002	6.6	盾构法
24	易北河第四隧道	德国	2003	2.56	盾构法
25	绿色心脏隧道	荷兰	2004	7.155	盾构法
26	东京神田川调水隧道	日本	2007	4.5	盾构法
27	釜山-巨济岛隧道	韩国	2010	3.24	沉管法
28	博斯普鲁斯隧道	土耳其	2013	1.387	沉管法

我国水域面积辽阔,内陆水域面积达 $17.47 \times 10^4 km^2$(长江、黄河、珠江等七大水系),辽东湾、渤海湾等海湾水域面积超过 $0.5 \times 10^4 km^2$。随着我国经济发达程度的提高、水下隧道修建技术的日臻完善以及人们环保意识的不断增加,水下隧道建设发展蓬勃,越来越多的城市交通急需修建大量的河底隧道、湖底隧道、江底隧道和海底隧道。我国水下隧道开工数统计图如图 1-1 所示。

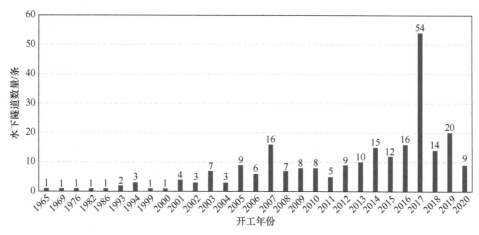

图 1-1 我国水下隧道开工数统计图

水下隧道正在逐步取代桥梁作为穿越水体的首选方案,因此我国在近期及其后相当长一段时间内,都将处于水下隧道建设的高速发展期,未来我国水下隧道的体量及相应的管理养护工作量势必极为可观[4]。

在水系发达城市的核心区,水下隧道是首选的穿越长大水系方案。以上海地区为例,目前已建成黄浦江越江隧道 17 条,如表 1-2 所示。

表 1-2 上海黄浦江越江隧道

序号	隧道名称	通车时间(年-月)
1	打浦路隧道/打浦路隧道复线	1971-06/2010-02
2	延安东路隧道	1989-05
3	外环隧道	2003-06
4	大连路隧道	2003-09
5	复兴东路隧道	2004-09
6	翔殷路隧道	2005-12
7	上中路隧道	2009-05
8	龙耀路隧道	2010-04
9	人民路隧道	2009-11
10	新建路隧道	2009-11
11	西藏南路隧道	2010-04
12	军工路隧道	2011-01
13	虹梅南路隧道	2015-12

续表

序号	隧道名称	通车时间(年-月)
14	长江路隧道	2016-09
15	周家嘴路隧道	2019-10
16	郊外隧道	2019-12
17	江浦路隧道	2021-09

　　水下隧道在交通系统中将扮演越来越重要的角色,根据我国水系分布的特点,水下隧道的规划和建设形势非常好,以我国江苏省为例,江苏省既有和规划中的水下隧道有 28 条,如表 1-3 所示。

表 1-3　江苏省水下隧道

序号	隧道名称
1	玄武湖隧道
2	九华山隧道
3	南京地铁 3 号线鸡鸣寺站至南京林业大学新庄站区间隧道
4	南京地铁 3 号线武定门站至夫子庙站区间隧道
5	南京地铁 3 号线柳洲东路站至上元门站区间隧道
6	南京定淮门长江隧道(原南京扬子江隧道)
7	南京应天大街长江隧道(原南京长江隧道)
8	南京地铁 10 号线临江站至江心洲站区间隧道
9	南京地铁 4 号线过江隧道
10	夹江隧道
11	锦文路过江通道
12	汉中西路过江通道
13	上元门过江通道
14	仙新路过江通道
15	七乡河过江通道
16	龙潭过江通道
17	宁仪城际过江通道
18	阳澄西湖隧道
19	苏州地铁 1 号线星海广场站至文化博览中心站区间隧道
20	独墅湖隧道

续表

序号	隧道名称
21	苏州地铁 4 号线花港站至江陵西路站区间隧道
22	苏州湾隧道
23	东太湖隧道
24	独墅湖第二隧道
25	金鸡湖隧道
26	蠡湖隧道
27	太湖隧道
28	瘦西湖隧道

此外，根据 2020 年国家发展和改革委员会印发的《长江干线过江通道布局规划(2020—2035 年)》(发改基础〔2020〕512 号)，明确到 2035 年，全面形成布局合理、功能完善、保障充分、集约高效的长江干线过江通道系统。江苏规划的过江通道有 41 座，其中 13 座列为近期建设重点，如表 1-4 所示。

表 1-4　长江江苏段过江通道近期建设重点项目

序号	类别	名称
1	公路过江通道	锦文路过江通道、龙潭长江大桥、润扬第二过江通道、张皋过江通道、苏通第二过江通道
2	轨道过江通道	南京地铁 4 号线过江通道、南京市域快速轨道过江通道、南京上元门过江通道、宁仪城际铁路过江通道
3	公路铁路两用过江通道	南京七乡河过江通道、江阴第二过江通道、江阴第三过江通道、海太过江通道

目前，我国城市水下隧道的数量迅速增加，其设计基准期一般为 100 年，进入运营养护阶段的隧道随之增加。隧道工程与其他地上结构相比，在勘察、设计、施工和管理上具有较多的不确定性和复杂性，造成大量隧道出现不同程度的病害，有的甚至刚投入运营就产生病害。在隧道的漫长服役期中，水下隧道复杂的服役环境下，隧道病害对其安全性与耐久性的影响尤为显著[5]。

1.1.2　水下隧道的修建方法与结构健康风险

自 1965 年第一条水下隧道——打浦路隧道修建以来，水下隧道建设发展蓬勃，截至 2020 年底，共修建了 218 条水下隧道，水下隧道的建造方式主要有盾构法、钻爆法、沉管法、围堰明挖法等。我国采用盾构法、钻爆法、沉管法、围堰明挖法修建的水下隧道占比情况如图 1-2 所示。修建水下隧道时选取的修建方法受多种因素的综合影响，不同方法修建的水下隧道在运营期面临的结构健康风险也不尽相同。

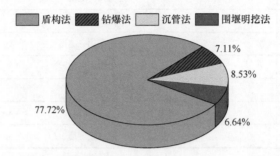

图 1-2　我国不同施工方法修建的水下隧道占比情况

1. 盾构法

盾构法是一种全机械化的暗挖施工方法，又称为全断面掘进机法[6]，这种机械化施工方法依靠盾构机在地层中推进，用切削装置在掌子面进行开挖，同时用盾构钢壳保持掌子面稳定，用出土机械或泥水循环系统将渣土运至洞外，并逐环拼装预制管片来支撑围岩，利用盾构与管片间的反作用进行连续掘进。盾构法是修建水下隧道的一种重要施工方法，特别适用于软土地层中隧道掘进施工。图 1-3(a)和(b)分别为盾构机结构示意图与盾构法水下隧道(用盾构法修建的水下隧道，以下简称盾构法水下隧道)内部情况。

(a) 盾构机结构示意图　　　　(b) 盾构法水下隧道内部情况

图 1-3　盾构法隧道示意图

盾构法施工自动化程度高、速度快、效率高，工作人员作业环境好、安全性较高，但缺点是盾构机械较复杂，设备昂贵，对地质条件敏感性较高，且隧道掘进中途需要更换刀具和整修刀盘，工艺复杂，操作困难[6]。盾构法水下隧道还有以下特点：盾构机械施工需要克服高水压，尤其大直径盾构机械推进中需克服顶压差和底压差，施工难度较大；盾构机械在河堤、海堤或人工岛穿越时，需要考虑人工岛或天然岛的结构及功能，并满足桥隧转换功能和环保要求；盾构法水下隧道还需要着重考虑隧道抗浮性、管片耐久性、接缝防渗等关键技术问题。

盾构法水下隧道运营期不仅要考虑长期的高水压侵蚀，还要考虑淤泥质软弱土层或海底风化槽等软硬不均地层的影响，多接缝拼装结构也会导致盾构法水下隧道差异沉降的加剧。管片从制作到安装经过多次起吊、运输，容易出现管片破损。盾构机顶进时，操作不当易顶裂或顶碎混凝土管片。相对于现浇混凝土水下隧道，盾构法水下隧道中的众多接缝、螺栓孔、注浆孔等防水性能相对薄弱，管片的错动、接缝防水材料的老化也容易导致隧道漏水。盾构法水下隧道管片通过螺栓连接，螺栓作为盾构法水下隧道中主要承载连接构件，为止水密封提供足够的压力。内力过大、材料腐蚀、施工质量等问题都会造成螺栓失效，进而导致接缝密封失效，结构刚度降低，产生管片错动、渗漏水等病害。

2. 钻爆法

钻爆法包括传统的矿山法与新奥法，主要适用于在围岩稳定性较好的基岩中开挖隧道，且基岩具备一定的覆盖厚度。具体施工方法是采用传统钻爆装置或者臂式掘进装备开挖隧道，并利用喷射混凝土、锚杆、钢架、现浇混凝土等支护围岩形成隧道结构。利用钻爆法修建的水下隧道(以下简称钻爆法水下隧道)又称为深埋水下隧道或暗挖法水下隧道。钻爆法是修建山岭隧道的常用方法，用于修建水下隧道时，最主要的困难是水压较大而出现突然涌水，特别是断层破碎带的涌水，与此同时，围岩塌方的可能性也大大增加，因此施工期间必须进行超前地质预报。图1-4为钻爆法水下隧道施工现场情况。

图 1-4　钻爆法水下隧道施工现场情况

相较于其他方法修建的水下隧道，利用钻爆法修建的水下隧道一般埋深较大，承受的地应力相对较大，隧道对地层扰动较大，断面收敛变形较大。钻爆法水下隧道超欠挖现象严重，易出现衬砌厚度不够或者衬砌脱空。钻爆法水下隧道与围堰明挖法水下隧道(用围堰明挖法修建的水下隧道，以下简称围堰明挖法水下隧道)同属于现浇构件，但是由于作业空间狭窄、工作条件差，水下隧道施工质量受现场管理水平影响较大,易在施工缝、变形缝等位置出现渗漏水点。大体积混凝土浇筑的水化热导致的混凝土裂缝也为水下隧道出现渗漏水问题留下隐患。

3. 沉管法

沉管法是在岸边的干坞里或大型船台上将隧道管节预制好,再浮拖至水底预先挖好的沟槽位置,依次沉放在沟槽中,并连接起来,然后回填覆盖而成隧道的方法。沉管法水下隧道(用沉管法修建的水下隧道,以下简称沉管法水下隧道)一般由敞开段、暗埋段与沉埋段等部分组成。图 1-5 为预制好的隧道管节入水前示意图。与钻爆法水下隧道和盾构法水下隧道相比,沉管法水下隧道的主要特点如下:

图 1-5　预制好的隧道管节入水前示意图

(1) 地质条件。沉管法水下隧道基槽开挖较浅,且沉管由于受到水浮力的作用,作用于地基荷载较小,但基槽开挖与基础处理的施工技术非常复杂,尤其是遇到坚硬的岩石时,对水底爆破的开挖技术要求较高。

(2) 隧道埋深。沉管法水下隧道埋深只需要 0.5~1.0m,也可以零覆盖,甚至可以突出河床面。而盾构法水下隧道埋深至少为 1 倍隧道洞径,钻爆法水下隧道埋深则要求更大。

(3) 防水性能。沉管管段每节长一般大于 100m,因此沉管法水下隧道的接缝较少。管段接头处采用橡胶止水带,能够保证较好的防水性能。相比之下,盾构法水下隧道采用预制管片作为衬砌结构,因此施工缝分布广泛,必须采取紧固、密封与防水等措施,以确保水下隧道不发生渗漏。对于钻爆法水下隧道,受施工工艺的限制,混凝土衬砌结构或外敷防水层在施工过程中往往存在质量缺陷,导致水下隧道渗水难以避免。

(4) 断面适应性。沉管法水下隧道管段预制时,可根据使用功能确定断面的大小和形状,断面利用率较高,且沉管法水下隧道断面的增大对工程的单位造价影响不大。相比之下,钻爆法水下隧道断面越大,单位造价越高。盾构法水下隧道断面越大,需要的盾构直径越大,从而引起设备购置费用大幅上升,增加单位造价。

(5) 作业环境。沉管法水下隧道主要作业都是在陆地上露天完成的,水面和水下作业周期较短,安全可控性好;相对而言,盾构法水下隧道和钻爆法水下隧道施工时，施工人员大部分作业都在河床下进行，安全性与作业条件较差。

（6）工序衔接。沉管法水下隧道在施工组织上，可安排多个工序平行作业，其时间、空间和人员安排及工期有较大的优越性和灵活性。而盾构法水下隧道与钻爆法水下隧道由于作业空间、施工工艺的限制，很多工序无法平行作业。

（7）航运干扰。沉管法水下隧道的基槽开挖，管片浮运、沉放和对接都将对航道产生一定影响，甚至需要采取封航措施才能保证施工的顺利进行，而盾构法水下隧道与钻爆法水下隧道对航运不存在干扰。

沉管法水下隧道一般修建在软弱地层中，埋置浅，不能忽略上部土与结构的动力相互作用。在地震作用下，涉及地基土的稳定性、隧道本身的抗浮性、水与结构的耦合问题。

沉管法水下隧道多为薄壁箱型结构，隧道建成投入运营后，由于受水流冲刷、覆盖层淤积、地基沉降、车流等外部可变荷载的反复作用，沉管段长期处于复杂的弯、扭、拉、压状态，受力状况十分复杂。混凝土管节受温度、混凝土收缩、地震等影响，可能产生接头错位、剪切键破裂、PC 拉索失效。在水压力的作用下，不仅会造成结构混凝土水蚀变异、钢筋锈蚀，还可能导致隧道内部渗水。水中沉管顶部受水流泥沙作用，可能造成覆盖层冲刷或淤积，影响水下隧道安全性。

4. 围堰明挖法

围堰明挖法首先在水域修筑围堰进行隔水，然后采用基坑开挖或放坡开挖等明挖方法修建隧道。围堰明挖法水下隧道工艺简单，通常在不通航、水深不大或有枯水期出现的江河与湖泊水域修建水下隧道，它是一种最经济的建造方法，该方法已在我国城市公路隧道建造领域得到了广泛应用。图 1-6 为围堰明挖法水下隧道示意图。

图 1-6　围堰明挖法水下隧道示意图

与其他水下隧道相比，围堰明挖法水下隧道的跨度较大，断面形式多样，结构受力特征复杂。水下隧道埋置深度较小，易处于河床下的软弱土层中，产生差异沉降。围堰明挖法水下隧道结构断面大、刚度大，易产生管段扭转、接头剪切破坏，该结构上覆水土荷载受汛期、枯水期影响较大，承受浮力较大，直接暴露在水中，对钢筋混凝土结构的抗腐蚀能力要求较高。

1.1.3　水下隧道运营期典型病害

我国经济水平的发展使得水下隧道工程的直径不断增大、埋深不断提高、建设条件更具有挑战性[7]。水下隧道建设从城市软土环境正逐步转向强透水地层、软弱互层、风化槽段，穿越岩层、孤石及硬岩凸起等复杂地质环境，地层岩性软硬不均，围岩物理性质、力学性质差异大，导致荷载分布不均匀，水下隧道所受荷载评价与量化包络难以准确量化[8]。水下隧道在穿越复杂地质条件和多变环境时，长期承受的水压力将进一步增大，在隧道衬砌结构服役期内将承受更高的水土压力作用，与此同时，河床的天然冲刷作用、海水的动力作用、交通荷载动力作用等作用累积，可能导致水下隧道结构的受力状态发生变化，威胁到水下隧道结构的安全性[9]。

水下隧道受到周围地层的约束作用，且水下隧道结构多为多体拼接的柔性结构或有锚杆支护结构，因此在地震等强自然灾害作用下具有较好的性能。然而，抵御强震时，隧道工程震害仍然突出。例如，1923 年日本关东大地震、1995 年日本阪神大地震和 1999 年我国台湾大地震等强震作用均导致区间隧道出现严重震害。2008 年，我国 5·12 汶川地震发生后，成都市部分地铁区间盾构法水下隧道出现了管片劣损、剥落、错台和渗漏水等典型的震害。上述震害虽然未严重破坏水下隧道的主体结构，但影响了水下隧道结构的使用性能与长期耐久性。

水下隧道在运营过程中，各类突发事故时有发生，如高速公路隧道火灾和爆炸事故、高速铁路隧道内列车脱轨和撞击事故等，将不可避免地引起水下隧道衬砌结构的劣化，影响水下隧道结构整体的稳定性，甚至危及结构安全。

水下隧道处于复杂的土-水或岩-水环境中，不仅受到环境荷载的作用，同时还受到 CO_2、氯离子、酸、碱、温湿变化以及干湿循环等环境侵蚀作用，水下隧道衬砌结构材料的力学性能将持续劣化，混凝土碳化与钢筋锈蚀将进一步导致结构开裂、破碎掉块、衬砌损坏等，影响衬砌结构的承载能力，并威胁结构的服役安全。

1. 渗漏水病害

十隧九漏，渗漏水是水下隧道最常见的病害之一，水下隧道由于处于地下水位线以下，渗漏水病害则更为常见。渗漏水对水下隧道的影响可以用漏水压力、漏水流量、漏水状态、漏水混浊情况、pH 以及冻害等加以反映。以上海地铁 1 号线盾构法水下隧道为例，渗漏水现象在全线都较为普遍，渗漏主要出现在环缝、纵缝、注浆孔及旁通道位置，由于热胀冷缩现象的存在，冬季渗漏水现象较其他季节更为严重。

以钻爆法水下隧道为例，其一般处于岩层中，修建后往往成为所穿越山体附近地下水聚集的通道，当隧道穿过或靠近含水地层时，地下水会发生渗透。衬砌背后砂土流出使围岩松弛也会成为外荷载作用引起的相关病害。此外，渗漏水本身也会导致一系列病害，例如，渗漏水使路面打滑而影响交通安全，对隧道内附属设施产生不良影响，影响行车舒适性及隧道内的美观；在寒冷地区，还可能导致路面冻结，形成冰柱。

2. 衬砌变形

隧道衬砌变形主要分为局部变形和整体变形两类，其中局部变形主要表现形式为衬砌断面变形、衬砌错台错缝、边墙下沉、衬砌变形侵限、纵向差异沉降、收敛变形等，主要是由外力作用所引起的。

1) 衬砌断面变形

衬砌断面变形有横向变形和纵向变形两种，横向变形是主要变形，是衬砌受力引起的拱轴形状的改变。衬砌移动是指衬砌整体或者其中一部分出现转动(倾斜)、平移和下沉(或上抬)等变化。衬砌移动有纵向移动和横向移动的区别，对于大多数已经发生裂损的衬砌，一般是纵向移动和横向移动同时出现。

2) 衬砌错台错缝

错台按方向划分为凸出错台和凹进错台两种形式，一般发生在隧道起拱线或施工缝处。错缝的发展方向与剪力方向一致，如图 1-7 所示。错缝的发展方向也有与半径线斜交的，如图 1-8 所示。

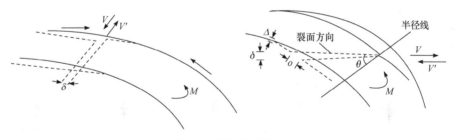

图 1-7　弯曲受剪错台

V、V' 表示切应力；M 表示弯矩；δ 表示裂缝宽度；Δ 表示变形量；o 表示张开量；θ 表示崩角

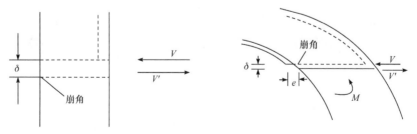

图 1-8　直接受剪错台

e 表示错缝深度

3) 边墙下沉

边墙下沉通常伴随底板变形。隧道底板隆起会造成隧道底部上抬和整体下沉，从而使隧道发生变形和破坏；严重时，会造成路面破坏并有可能导致隧道失稳，危及行车安全，如图 1-9 所示。边墙下沉与隧道围岩性质、应力状态和维护方式密切相关。按表象特征可分为三种形式，即直线型、折曲型和弧状型。

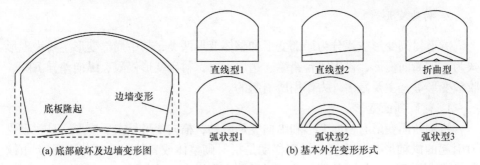

| (a) 底部破坏及边墙变形图 | (b) 基本外在变形形式 |

图 1-9　边墙下沉

4) 衬砌变形侵限

施工期间出现塌方或过大变形，采取应急措施将支护或衬砌加厚，若将衬砌厚度减薄做到不侵限，有可能出现失稳现象；衬砌在侵限的同时，存在着严重开裂的现象，这种侵限是衬砌承载力不足，在地层压力作用下隧道结构变形的结果，需要进行整治。

5) 纵向差异沉降

纵向差异沉降病害在盾构法水下隧道中较为突出。盾构法水下隧道是柔性结构，其衬砌由管片环连接而成，沿纵向环与环之间的接头处刚度有较大削弱。与结构横向受力性能相比，盾构法水下隧道在纵向的刚度较小，这是因为在横向衬砌周围土压力与地层抗力总是趋于将管片环压紧，不会出现接头间裂缝影响防水，管片环横向的稳定性和安全性能够保持。而在纵向，纵向变形或变形曲率超过阈值后，隧道环缝张开量可能过大，从而出现漏水或管片纵向受拉破坏。

盾构法水下隧道产生纵向差异沉降的原因主要包括以下几点：①下卧土层特性的变化，隧道不同性质下卧土层的固结沉降量差异较大，从而引起隧道结构的纵向不均匀变形；②地面堆载，在软土地层中的盾构法水下隧道，当隧道上方大面积堆载时，会使隧道局部沉降量显著增加；③当隧道处在相对不透水地层中，地下水位上升或者所穿越的江河水位上升时，也会对隧道结构产生加载效应，进而使得隧道局部或整体下沉，产生纵向变形；④在已建隧道周围，存在诸多的工程施工活动，不可避免地对土层施加新的附加荷载，造成隧道周围土层产生沉降、平移或隆起等位移，并导致隧道纵向产生不均匀变形。

　　以上海地铁 1 号线为例[10]，上行线隧道历年纵向累积沉降量曲线如图 1-10 所示。自 1995 年通车，徐家汇站以南区域整体道床最大沉降量为 80mm，其中，上海体育馆站附近累积沉降量最小，仅 10mm，而该站以北人民广场站北 160m 位置处，最大沉降量超过 200mm。

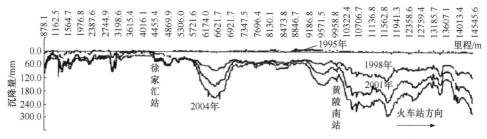

图 1-10　上海地铁 1 号线上行线隧道历年纵向累积沉降量曲线

6) 收敛变形

　　收敛变形是水下隧道横向变形的形式，下卧土层特性变化、地表水位变化、局部堆载、临近工程施工等因素也可能导致水下隧道横向变形增大，横断面呈现出"横鸭蛋"形。调查发现，对于盾构法水下隧道，横向变形会导致顶块与邻接块接缝张开、勾缝脱落，往往需要采用工程措施控制隧道横向变形，工程措施包括内置钢圈加固、钢板与管片之间进行环氧注浆、隧道上方卸载及两侧土体加固，以增大侧向抗力等。

　　3. 衬砌开裂及损坏

　　衬砌裂缝是常见的水下隧道衬砌病害类型，包括在不利荷载、温度等条件下产生的衬砌裂缝、错台以及伸缩缝、沉降缝、施工缝产生的变形和错台。裂缝会引起结构承载力的急剧下降，导致衬砌结构突然失稳和垮塌而产生严重的后果。裂缝作为直接反映水下隧道衬砌结构受力的表观特征之一，也是水下隧道最主要的病害类型之一。按照裂缝发生的部位及其受力特点，衬砌裂缝可分为以下几种形态。

　　1) 按照裂缝发展部位和方向

　　按照裂缝发展部位和方向，衬砌裂缝可分为以下三种形式：纵向裂缝、斜向裂缝和环向裂缝，如图 1-11 所示。

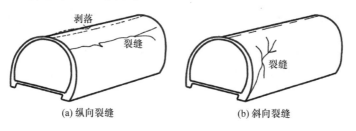

(a) 纵向裂缝　　　　　　　　　　　　　　(b) 斜向裂缝

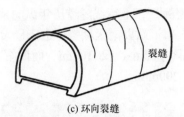

(c) 环向裂缝

图 1-11　按照裂缝发展部位和方向衬砌裂缝三种形式

2) 裂缝的受力特性

按照形成机理，裂缝可以分为以下五种形式：弯张裂缝、剪切裂缝、扭弯裂缝、收缩裂缝、压剪裂缝。

弯张裂缝是一种较为普遍的裂缝形态，其特征是裂缝张口较大，锯齿状破口，一般无错位，开裂严重时，衬砌裂缝对应的另一面出现挤压剥离现象，其破坏形态如图 1-12 所示。

剪切裂缝的数量仅次于弯张裂缝，它也是一种主要的裂缝类型，其特征为裂缝张口小，有明显的错台，破坏一般无锯齿状，有滑移的痕迹，其破坏形态如图 1-13 所示。

扭弯裂缝的数量较少，其特征为裂缝张口不大，破坏一般无锯齿状，裂缝大部分沿斜向发展，经常由一条或数条方向基本相同的裂缝组成，其破坏形态如图 1-14 所示。

收缩裂缝一般无规律，深度不大，它是因混凝土材料的收缩而产生的，大多数环向施工缝易出现收缩裂缝。当收缩裂缝不是过于密集时，一般对隧道结构稳定性威胁不大，但会对隧道的渗漏水产生不良影响。

压剪裂缝破口没有明显锯齿状，有错台，出现刀刃性的尖劈裂缝，形成薄片状剥离体，其破坏形态如图 1-15 所示。

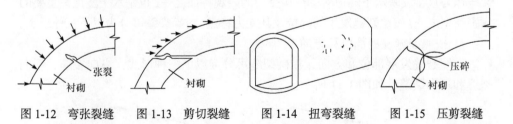

图 1-12　弯张裂缝　　　图 1-13　剪切裂缝　　　图 1-14　扭弯裂缝　　　图 1-15　压剪裂缝

以上几种常见的裂缝形态，有的是一种裂缝单独出现，有的是几种裂缝同时出现，由裂缝产生的部位、方向和性状，可以分析衬砌结构背后地层压力的分布和大小。

4. 衬砌坍塌

钻爆法水下隧道建成后，地下水流动导致砂土流失，隧道上方出现较大的空洞，空洞上方岩块在外因作用下与围岩分离并突然落下，会对衬砌造成一定的冲击，当隧道衬砌强度充足时，岩块会停留在衬砌上方；而当隧道衬砌强度不足时，就会被冲破，与岩块一起落到隧道内部，形成衬砌坍塌现象。在观察期内，隧道没有明显的病害，或者仅观察到轻微的病害，但隧道在此后短时间内产生了崩塌，此现象称为突发性崩塌。

5. 衬砌破损与剥离

混凝土衬砌局部损坏现象较为常见。以上海地铁1号线为例，在差异沉降大及转弯半径小的区域，有不同程度整体道床与管片脱开的现象，其中地铁1号线黄陂南站以北部分较为明显。隧道纵向差异沉降造成管片张开、嵌缝条脱落较为常见，此外，还存在管片角部出现碎裂或缺角的现象，这大多数是由制作、养护、吊运安装以及外力等造成的。

当外荷载作用在隧道衬砌上时，会使隧道衬砌产生剥落、剥离等现象。剥落是指混凝土表面砂浆流失和粗骨料外露的现象，一般发生在混凝土表层品质较差的部位。剥离是指混凝土近似圆形和椭圆形的剥落，它与剥落的区别为：剥离是呈片块状流失，且流失面积较剥落大；剥落鼓出发展到一定程度就是剥离。

6. 衬砌材质劣化

衬砌材质劣化可以用劣化部位、衬砌强度、衬砌厚度、钢材腐蚀、衬砌混凝土碳化等指标反映。衬砌强度和衬砌厚度变化可以直接反映衬砌材质的劣化情况。

在钢筋混凝土衬砌结构中，一旦钢材钝化膜发生破坏，在有水和氧气的条件下，钢筋将逐步发生腐蚀。钢材被腐蚀时，它的表面会析出 $Fe(OH)_2$，$Fe(OH)_2$ 失水后生成铁锈，其体积一般要膨胀 $2\sim4$ 倍，对周围的混凝土产生挤压力，使得混凝土保护层胀开，并导致混凝土开裂、剥落，造成钢材与混凝土之间黏结力破坏，钢筋截面积减小，结构或构件承载力降低。随着时间的推移，锈蚀会逐步恶化，最终可能导致结构的完全破坏。

衬砌混凝土的碳化一般指空气中的二氧化碳与水泥石的水化产物发生物理化学反应，生成碳酸盐或其他物质的现象。混凝土碳化会降低混凝土材料的碱度，继而破坏钢材表面的钝化膜，使混凝土失去对钢材的保护作用，发生钢材锈蚀。

7. 迷流病害

迷流病害主要存在于盾构法水下隧道中，可能会对隧道管片产生电腐蚀[11]，产生机理为：在地铁直流牵引系统中，地铁列车钢轨是作为直流回流使用的，钢轨与大地间无法保持完全绝缘，流经钢轨的部分直流回流可能从钢轨通过道床、隧道钢筋混凝土管片和其他金属构件导入大地，这种泄漏电流成为地铁迷流或杂散电流。迷流将使金属发生电解而遭受严重的电腐蚀。混凝土结构中的钢筋起汇聚电流的作用，在杂散电流由混凝土进入钢筋处，钢筋可视为阴极，如果阴极析氢且氢气不能从混凝土内逸出，就会形成静压力，使钢筋与混凝土剥离。水下隧道若有钠或钾化合物存在，则电流的通过会在钢筋与混凝土界面处产生可溶的碱式硅酸盐或铝酸盐，使结合强度显著降低。在电流离开钢筋返回混凝土的部位，钢筋可视为阳极，并发生腐蚀，腐蚀产物在阳极处的堆积产生机械鼓胀力，使混凝土开裂，当结构物中钢筋与钢轨有电接触时，易受到迷流腐蚀。

1.2　水下隧道结构健康监测内容

水下隧道结构健康监测(structural health monitoring，SHM)的内容及方法需要根据水下隧道的结构类型、地质条件以及周边环境条件等确定，表 1-5 为水下隧道健康主要监测内容[11]。

表 1-5　水下隧道健康主要监测内容

监测类型	监测内容
工作条件	土压力、水压力、覆盖层厚度、地层变形、腐蚀性离子等
结构受力	混凝土应力、钢筋应力、锚杆内力、接触面压力等
结构变形	结构沉降变形、挠度、裂缝、收敛变形等
结构材料	表面碳化深度、混凝土强度、钢筋腐蚀程度等

1.2.1　水下隧道结构健康监测项目

水下隧道结构健康监测的主要对象是土体介质、隧道结构、隧道混凝土和周围环境，监测的部位包括地质情况复杂地段、外荷载较大的位置(运营车辆的动载作用位置、水位变化位置、河床冲刷及沉船抛锚位置等)以及结构本身受力较大的地段。对于每个监测断面，具体的监测部位主要有土体内，隧道结构拱顶、拱腰、拱脚、仰拱和边墙等，或顶板、底板和侧墙中部等。监测类型主要是地层水土压力和水位变化、结构内力、外力、变形，以及隧道周围注浆后空洞的监测和混凝土的碳化监测。依据对水下隧道结构的常规和特殊性认识，以及对水下隧道结构健康监测系统(stuctural health monitoring system，SHMS)实施必要性的分析，进而确定监测项目。表 1-6 列举了一般水下隧道结构健康监测项目。

表 1-6　一般水下隧道结构健康监测项目[12]

监测内容		监测项目	建议监测元件与仪器	重点位置
实时监测	结构变形	隧道衬砌纵向沉降	连通管线形监测系统 静力水准系统 光纳仪系统	进出洞段 变坡段 覆土变化段
		管片接缝张开度	光纤光栅微小位移计	变形缝附近
	结构荷载	结构温度分布监测	光纤光栅温度传感器	进出口段 河底段
		隧道外侧土压力	光纤光栅土压力盒	高覆土
		隧道外侧水压力	光纤光栅渗水压力计	高水压
	结构内力	管片钢筋内力	光纤光栅钢筋应变计	荷载大段
		管片混凝土应力	光纤光栅混凝土应变计	荷载小段
		连接螺栓内力	光纤光栅应变传感器	变坡段
		管片接缝法向接触应力	接触压力传感器 应变计	变坡段 河底段
定期检测	长江水位	水位变化	压力式水位计	隧道轴线
	河床断面	河底地形测量	多波束测深仪	隧道轴线
	工程区域的地面沉降防汛墙大堤	江河大堤及浅埋段地表地中沉降	水准仪 分层沉降仪	大堤段
	管片变形检测	隧道净空收敛	收敛计、激光断面仪	变形缝附近
	管片后地层检测	注浆后空洞	地质雷达	变坡段
	混凝土性能检测	混凝土碳化程度	阳极梯系统 实验室试验检测	进出口段 河底段

不同修建方法的水下隧道，施工方法和结构存在特性差异，使得隧道结构监测项目有所不同，具体如下：

(1) 对于钻爆法水下隧道，监测项目一般可以选择拱顶下沉、收敛变形、围岩与初衬接触压力、初衬与二次衬砌接触压力、初衬及二次衬砌水压力、二次衬砌混凝土及钢筋应力等。

(2) 盾构法水下隧道中，隧道管片结构与地层、地下水长期作用，在长期高水压作用下结构容易发生腐蚀，连接件也容易发生老化，一般需要监测管片外水压力及土压力、管片混凝土及钢筋应力、螺栓内力、管片接缝张开量及错开量、隧道断面收敛变形等。

(3) 对于沉管法水下隧道,应监测管段外水压力、基底应力、管段混凝土及钢筋应力、隧道顶覆盖层等,同时由于运营过程中管段接头位移易发生变化,还需要对管段接缝张开量及错开量、接头剪切键剪应力、止水带压缩状态等进行监测。

(4) 围堰明挖法水下隧道应对基底应力、衬砌外水压力、土压力、混凝土及钢筋应力进行监测。

根据隧道工程的具体特点,隧道建设中可选取表 1-7 中部分或全部内容进行检测与监测,并根据实际情况确定检测位置、检测范围、检测频率等。

表 1-7　常见几种隧道监测项目

隧道建造类型	监测项目
钻爆法水下隧道	拱顶下沉
	收敛变形
	围岩与初衬接触压力
	初衬与二次衬砌接触压力
	初衬及二次衬砌水压力
	二次衬砌混凝土及钢筋应力等
盾构法水下隧道	管片外水压力及土压力
	管片混凝土及钢筋应力
	螺栓内力
	管片接缝张开量及错开量
	隧道断面收敛变形等
沉管法水下隧道	管段外水压力
	基底应力
	管段混凝土及钢筋应力
	隧道顶覆盖层
	管段接缝张开量及错开量
	接头剪切键剪应力
	止水带压缩状态等
围堰明挖法水下隧道	基底应力
	衬砌外水压力
	土压力
	混凝土及钢筋应力等

1.2.2　水下隧道结构健康监测断面

典型断面应能充分反映监控水下隧道的整体情况，也能综合反映水下隧道运营期间主体结构的受力状况，以达到水下隧道结构安全性预警。由于资源、成本等方面的限制，监测断面和监测点的布置应该从经济性和可靠性方面考虑，把有限的资金用在最关键的地方。地质条件比较复杂、运营车辆的动载作用、水位变化、河床冲刷及沉船抛锚等外荷载比较大的位置，以及结构本身受力比较大的部位，需要重点关注(表 1-8)。

表 1-8　健康监控系统应用案例[13]

序号	项目名称	工程特点	主要监测项目
1	宁波永达路隧道	明挖法城市道路隧道	隧道温湿度、隧道地震、衬砌混凝土应力、衬砌倾斜
2	南京九华山隧道	浅埋暗挖法水下隧道	混凝土应变、变形缝位移、温度
3	扬州瘦西湖隧道	盾构法水下隧道	土压力、钢筋应力、混凝土应变、隧道沉降、收敛变形
4	南京应天大街长江隧道	盾构法水下隧道	土压力、水压力、钢筋应力、温度、位移等近十种指标
5	宁波甬江隧道	沉管法水下隧道	隧道沉降、位移、裂缝、应变
6	南京定淮门长江隧道	盾构法水下隧道	N 线和 S 线共 39 个断面，布设了 1242 个传感器，测试混凝土应变、钢筋应力、管片接缝张开度、横断面变形、土压力、水压力、不均匀沉降、结构振动、纵向不均匀沉降等
7	厦门翔安海底隧道	钻爆法水下隧道	左线、右线及服务洞共布设 19 个断面，测试初期支护水压力、锚杆轴力、围岩与初期支护接触压力，以及钢支撑(格栅)内力、二次衬砌水压力、初期支护和二次衬砌接触压力、混凝土表面应变和二次衬砌内力、地震动等

1. 水下隧道结构健康监测断面布设原则

水下隧道结构健康监测断面位置的选择要综合考虑水深、地质条件、断面受力等因素。通常情况下，监测断面主要根据以下原则确定：

(1) 若实际条件允许，则各监测项目应尽量集中布设于几个断面，以便相互印证。

(2) 遇到不良地质条件，如特浅埋、断层破碎带、风化槽、施工中出现大变形、江心段等，应当在断层上盘、下盘或风化槽内外分别对应布设监测断面，以便对比分析。

(3) 在隧道结构断面变化处、开挖工法变化较大处、地层条件变化较大处等可能出现隧道结构纵向不均匀变形的地段，建议分别对应布设监测断面。

(4) 若经济条件允许，为保证监测系统的可靠性，则可在某些重要位置布设两套传感元件，作用是数据可互相印证，确保数据的可靠性；避免一套出问题后，无法对该重点部位进行监控。

2. 水下隧道结构健康监测重点分析

1) 隧道横断面监测重点分析

根据隧道结构横向的应力、应变分布特点，对于水平横断面的监测，应在隧道拉应力和压应力最大的位置重点监测，例如，隧道的内侧拱顶拉应力较大，衬砌环 45°、135°、225°、315°左右部位为拉压受力变化点，这些部位应结合实际情况分布测点。

而对于坡度横断面，隧道管片和衬砌环受力随坡度的变化而变化，因此也应根据实际情况经过针对性分析来确定监测重点。

2) 隧道纵断面监测重点分析

隧道纵断面监测重点为地基承载力较小处、隧道周边地层变化较大处、超浅覆土处、水压最大处、工作井和隧道连接段、冲刷和回淤影响范围、地震响应影响范围、江海堤防等。综合以上因素，通过计算分析，研究确定水下隧道健康监测的布设断面。对于不同建造方法的水下隧道，还要根据具体情况来确定监测断面。常见的几种水下隧道监测断面布设位置如表 1-9 所示。

表 1-9　常见的几种水下隧道监测断面布设位置

隧道构筑类型	钻爆法水下隧道	盾构法水下隧道	沉管法水下隧道	围堰明挖法水下隧道
监测断面布设位置	围岩自稳能力较差地段、外部土压力较大的地段、埋深较浅受河床或海床冲刷影响较大的水下段、隧道衬砌外水压力较大的地段等	覆盖层厚度在纵向或横向出现较大变化的地段，不均匀沉降较大的地段，隧道受河床(海床)潮汐回流等冲刷影响较大的埋深较浅的地段，外部土压力较大、埋深大的地段，衬砌外水压力较大、深水的地段	基底地质条件纵向变化较大的地段、冲刷或淤积较多的地段、隧道外水压力较大(水深大于 20m)的地段	基底地质条件纵向变化较大的地段、冲刷或淤积较多的地段、隧道外水压力较大(水深大于 10m)的地段
断面特点	马蹄形	圆形	矩形	矩形
受力和变形较大位置	拱顶、拱底和拱脚部位	拱顶、拱底和拱腰部位	顶板、底板和侧墙中部	顶板、底板和侧墙中部

此外，在外荷载的作用下，衬砌内侧和外侧受力状态一般不同，例如，在隧道拱顶和拱底，一般内侧受拉，外侧受压；而在拱腰，一般内侧受压，外侧受拉。

为了充分掌握衬砌的工作状态，在衬砌内侧和外侧对称布置监测点很有必要。监测断面在综合考虑以上控制因素后，仍需要考虑间隔一定距离设置，以便更全面地掌握隧道结构稳定性和安全状态。

1.3 水下隧道结构健康监测技术的发展现状

水下隧道既不同于水上桥梁，也异于陆地隧道，其工程建设具有投资大、施工周期长、项目多、技术复杂、不可预见风险因素多等特点，是一项高风险建设工程。进入运行阶段的水下隧道不断增多，设计基准期一般为 100 年，在设计基准期内，水下隧道复杂的服役环境导致的病害为其长期服役的安全性与耐久性带来挑战，这也是影响水下隧道正常运营亟待解决的关键问题。隧道结构具有一旦建成出现损坏难以修复的特点，对于长距离、高水压的水下隧道，其结构的稳定性和耐久性是设计、施工及运营阶段需要重点研究的关键技术。水下隧道结构健康监测系统建立的目的是通过对隧道施工、运营期间结构的状况监测，为施工期的施工质量控制、施工安全及反馈设计服务，同时为 100 年运营期结构状况的安全性评估及工程服务寿命的预测提供结论和评价[14]。

1.3.1 结构健康监测技术

结构健康监测即利用现场的、无损的、实时的方式采集环境与结构信息，分析结构反映的各种特征，获取结构由环境因素、损伤或退化而造成的改变。

结构健康监测是随着大规模工程建设的兴起和科技的进步而新发展起来的一项技术。近年来，随着大型基础工程建设的兴起，工程结构在施工和运营期间的健康监测受到了越来越多的关注。水下隧道结构健康监测系统实时采集数据并做出分析，及时地发现结构内部损伤的位置，估算损伤程度，预测结构的性能退化程度与剩余寿命，以便于管养部门采取相应的工程措施。桥梁健康监测系统的基本构成可用图 1-16 示意，结构体内部及表面的各类传感器犹如人体皮肤上的神经，负责采集环境与结构信息；健康监测控制中心犹如人体的大脑，可对实时采集的数据进行分析，当监测数据触及预警或报警阈值时，系统及时发出信息通知基础设施的管理者。

水利大坝是最早采用自动化监测系统的基础设施，始于 20 世纪初，但当时的方法和设备都较差，70 年代以来，由于电子技术和电子计算机的发展和应用，大坝安全监测系统实现了半自动化或自动化，美国、日本、西班牙、意大利、法国等都在其国内建立机构进行大坝安全监测资料的集中处理。我国于 80 年代研制并应用了遥测垂线坐标仪、倾斜仪、水位计、激光准直设备等新仪器新设备，在龚咀水电站、葛洲坝水利枢纽、东江水电站等大坝上实现了内部观测仪器的自动测量和自动处理，建立了全国性的大坝安全监测机构和资料分析中心，开始制定各种大坝安全管理条例和技术规范。

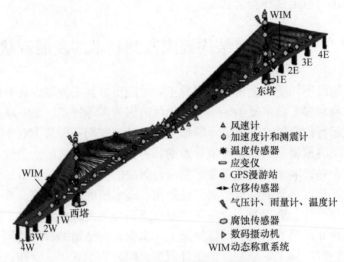

图 1-16　桥梁健康监测系统的基本构成

GPS 代表全球定位系统

国外从 20 世纪 80 年代中后期开始建立各种规模的桥梁健康监测系统，英国在 Foyle 桥上布设传感器，监测大桥运营阶段在车辆与风荷载作用下主梁的振动、挠度和应变等响应，同时监测环境风和结构温度场。21 世纪开始，我国新建的大型桥梁开始大量采用桥梁健康监测系统确保结构安全[15]，如香港的青马大桥、上海徐浦大桥、芜湖长江大桥、江阴长江公路大桥、南京长江大桥、港珠澳大桥等，都安装了桥梁健康监测系统，实时监测桥梁关键荷载(风、雨、地震、车辆荷载等)和结构响应(线型、变形、位移应力、振动、索力等)的变化。桥梁健康监测系统发展时间轴如图 1-17 所示。

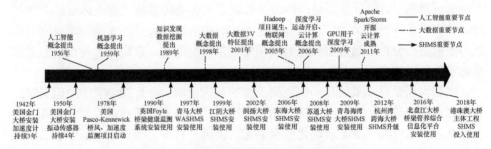

图 1-17　桥梁健康监测系统发展时间轴[16]

GPU 表示图形处理器；WASHMS 表示风及结构健康监测系统

1.3.2 水下隧道结构健康监测技术

水下隧道由于自身特性及其安全的重要性，健康监测尤为重要。水下隧道建成运营后，需要确保水下隧道能够长期保持良好的服役状态。通过布置水下隧道结构健康监测系统，实时获取水下隧道所受到的环境作用与结构状态信息，对运营期内水下隧道的健康状况及使用寿命做出评估，进一步判断水下隧道结构在设计基准期内的安全性，一旦发现异常信息，水下隧道结构健康监测系统将发出预警或报警信号，通知管理人员及时采取工程措施，确保水下隧道的正常通行，避免结构病害与行车安全事故的发生。在此基础上，合理配置水下隧道养护资源，降低成本，及时高效地确保水下隧道处于健康与安全的运营状态。

水下隧道结构健康监测系统的研发已经有了一定的技术累积，并逐渐向分布式、智能化方向发展。国外一些公司，如美国 Acellent 公司、美国 Laurel 公司、日本 Neubrex 公司、瑞士 Amberg 公司等，均已形成较高产业化的体系，而国内目前正处于产业化应用初期，并初步在一些大型水下隧道中实现了工程应用。在技术研发层面，国外起步早，技术成熟度高，形成了一批具有代表性的产品，目前主要以美国、日本、瑞典等国为代表，如美国 Acellent 公司的智能夹层技术、美国 Laurel 公司开发的适用于隧道结构体系深部病害信息探测的非接触式空气耦合天线的雷达探测系统、日本 Neubrex 公司开发的基于布里渊光时域反射仪 (Brillouin optical time domain reflectometer, BOTDR)的共同沟隧道监测系统、瑞士 Amberg 公司的隧道表面病害检测的全息激光摄影技术(图 1-18)等。国内水下隧道结构健康监测技术起步晚，技术尚未成熟，但正逐渐追赶国外该领域内的领先技术，如苏州南智传感科技有限公司主要涉及分布式光纤布拉格光栅(fiber Bragg grating, FBG)传感技术(图 1-19)的研发、宁波杉工智能安全科技股份有限公司致力于 FBG 传感技术的研究、江苏昂德光电科技有限公司在光频域反射技术上有了较大突破。

图 1-18 全息激光摄影技术

水下隧道结构健康监测是指利用传感器技术对水下隧道结构在使用、运营阶段损坏状态进行的监测，目的是对水下隧道的健康状态进行评估，以便于进行预防性管理和养护。它的主要作用包括提高突发性损伤的发现速度、累积性损伤可以通过历史数据进行推演、水下隧道隐蔽部位病害能够及时发现并报警(图 1-20)。

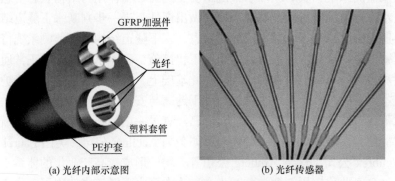

(a) 光纤内部示意图　　　　　　　(b) 光纤传感器

图 1-19　分布式 FBG 传感技术

GFRP 表示强化玻璃纤维塑料；PE 表示聚乙烯

图 1-20　水下隧道结构健康监测

结构健康监测技术在水下隧道工程中的应用相对较晚,在我国近 10 年才逐步得到重视和应用。国外较早的水下隧道结构健康监测系统出现于 1987 年修建完成的日本青函海底隧道，该隧道中安装有 27 支渗水计监测隧道渗漏、4 处安装有高灵敏度表面应变计测量混凝土表面应变、8 处安装有加速度计测量地震动。此外，国外较知名的、建立了水下隧道结构健康监测系统的隧道有英吉利海峡盾构法水下隧道、韩国釜山沉管法水下隧道、英国海峡水下隧道、铁路连接线盾构法水下隧道、丹麦厄勒海峡沉管法水下隧道、希腊普雷韦扎沉管法水下隧道等。我国较早的水下隧道结构健康监测系统出现于 1995 年建成的宁波甬江沉管法水下隧道，该系统对沉管法水下隧道管段不均匀沉降、接头止水带张开等问题进行监测。在近十几年里，我国在厦门翔安海底隧道、青岛胶州湾海底隧道、武汉长江隧道、上海崇明长江隧道、南京应天大街长江隧道、港珠澳大桥隧道、南京定淮门长江隧道等隧道中，均建立了水下隧道结构健康监测系统(表 1-10)。

表 1-10　国内水下隧道结构健康监测系统应用情况

项目名称	施工方法	建造时间	水下隧道结构健康监测系统概况
宁波甬江沉管法水下隧道	沉管法	1995 年	由静力水准仪、直线位移计、测缝计、应变计以及钢筋腐蚀传感器组成沉管法水下隧道结构健康监测系统
南京市玄武湖隧道	围堰明挖法	2002 年	基于布里渊散射光的分布式光纤传感监测技术对隧道的整体沉降、裂缝的发生和发展进行远程分布式实时监测
上海外环隧道	沉管法	2003 年	采取隧道火警处理预案、车流量潮汐管理、隧道环境控制和隧道安全监测等措施，来保证隧道的安全和健康
汕梅高速公路隧道	钻爆法	2004 年	采用光纤分布式温度监测火灾自动报警系统——分布式光纤测温系统(DTS)，实现隧道运营期的温度监测和火灾报警
厦门翔安海底隧道	钻爆法	2006 年	采用 FBG 传感技术进行施工监测、监控，并计划在隧道建成后组建长期监测系统
南京应天大街长江隧道	盾构法	2008 年	以 FBG 传感技术为主的安全监测系统
南京定淮门长江隧道	盾构法	2014 年	以 FBG 传感技术为主的安全监测系统

　　水下隧道健康监测的另一个重要方向是数据的处理和评估。目前，大数据分析技术已经渗透到人们生活中的各个角落，甚至成为国家核心竞争力的一部分，目前已经发展到应用成熟期(图 1-21)。而在水下隧道绿色智慧技术领域，运营大数据理论分析决策尚处于起步阶段，但大数据分析相关理论已经较为成熟，可以进行移植和应用。

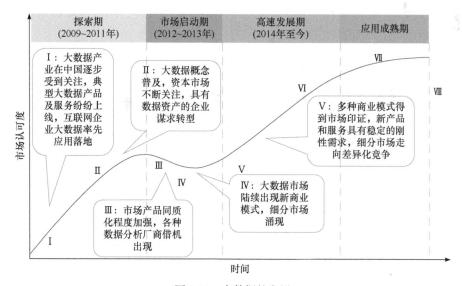

图 1-21　大数据的发展

1.3.3　水下隧道结构健康状态评价

水下隧道修筑于地质体中，其安全状态不仅实际受力状态不明晰，而且工作环境复杂，以信息复杂性、功能复杂性、结构复杂性为评价尺度，建立评估模型。水下隧道运营期结构安全影响因素较多，结构的受力、所处的地理环境、应力场情况、隧道直径等都对水下隧道的安全性有影响。这些影响因素既有定量的，也有定性的，安全性评价需要体现这些因素对水下隧道结构健康状态的影响。

1. 水下隧道结构健康状态评价内容

水下隧道结构健康状态评价是结构健康监测的核心理论，目前水下隧道结构健康监测系统对结构评估的内容主要有三个方面，即承载能力、营运状态和耐久能力[17, 18]。

(1) 承载能力的评估与结构或构件的极限强度、稳定性有关，评估的目的是要找出结构的实际安全储备，以避免结构在日常使用中发生灾难性的后果。结构承载能力与结构安全性密切相关，因此承载能力的评估成为结构评估的主要内容。

(2) 营运状态的评估与结构或其构件在日常荷载工作下的变形、裂缝、振动有关。在指定工作条件和定期养护维修的情况下，结构营运状态评估的结果是十分重要的。

(3) 耐久能力的评估侧重于结构既有损伤及构件剩余疲劳寿命。对于钢构件，若长期受到拉压交变应力的作用，则容易产生微小裂纹或者损伤，导致应力集中引起构件破坏，影响结构的安全性；对于钢筋混凝土构件，一些既有损伤会影响结构的承载能力、营运状态。

2. 水下隧道结构健康状态评价方法

在模糊数学、随机理论基础上逐步发展起来的各种结构评估技术、结构评估计算模型和结构评估专家系统等领域知识的应用，扩大了结构健康评估理论的内涵及外延。结构健康评估逐渐由原来的针对某一或某几个构件的评估变为针对隧道整体的评估。目前，水下隧道结构健康状态评价方法所采用的理论方法主要有层次分析法(analytic hierarchy process，AHP)、模糊综合评估方法、基于结构可靠度理论的评估方法、基于遗传算法(genetic algorithm，GA)和神经网络的评估方法等。

1) 层次分析法

AHP是美国匹兹堡大学教授Saaty于1971年为美国国防部进行规划问题工作时所发展出来的一套决策工具，发展至今已相当成熟，并广泛应用于预测、评估、判断、规划事务、资源分配、工程计划及投资组合等方面，取得了不错的成效。AHP主要包括建立阶层化、逻辑判断、分解综合化三大过程。在整个决策的运行程序中，AHP 运用了归纳法与演绎法，先以归纳法由上而下将复杂的问题分解成有层级关系的属性因子，再依据演绎法分析这些属性因子的特质，最后用逻辑概念的方法，整合所有专家评比的结果，计算出各属性因子间的相对权重。AHP 简单有效，已广泛应用于多个领域，但是当专家在进行评估因素的两两比较时，存在着一定的主观意识，并会造成评估结果与实际情形的少量差异，单一的 AHP 显然无法解决这种具有模糊性的问题[19, 20]。

2) 模糊综合评估方法

模糊集合(fuzzy set)理论的概念于 1965 年由美国自动控制专家 Lotfi Zadeh 教授提出，用以表达事物的不确定性。模糊综合评估方法是一种基于模糊数学的综合评估方法。该方法根据模糊数学的隶属度理论把定性评价转化为定量评价，即用模糊数学对受到多种因素制约的事物或对象做出一个总体的评价，具有结果清晰、系统性强的特点，能较好地解决模糊的、难以量化的问题，适合解决各种非确定性的问题[21-23]。

3) 基于结构可靠度理论的评估方法

基于结构可靠度理论的评估方法[24]采用失效概率或可靠指标来衡量结构的安全水平。该方法以概率论为基础，可以处理荷载和抗力的不确定性问题，减小不确定性的变化对结构可靠度的影响，因此成为结构评估的一个研究方向。从目前的研究来看，结构可靠度理论在结构评估中的应用属于初级阶段，重点放在了承载能力评估，对于构件的失效评估，能有较好的表现，但对于整体结构系统的失效评估，该理论尚不成熟[25]。

4) 基于遗传算法和神经网络的评估方法

遗传算法由于它的进化特性，在搜索过程中不需要问题的内在性质，对线性、非线性、离散、连续的问题都可直接处理；遗传算法与传统的优化方法(枚举、启发式等)相比，以生物进化为原型，具有收敛性好、鲁棒性高等特点。此外，遗传算法具有良好的全局搜索能力，可以快速地将解空间中的全体解搜索出来，而不会陷入局部最优解的快速下降陷阱；并且利用它的内在并行性，可以方便地进行分布式计算，加快求解速度。人工神经网络(artificial neural network，ANN)是在对人脑思维方式研究的基础上，用数学方法将其简化并抽象模拟，用以反映人脑基本功能的一种并行处理连接网络。神经网络系统是由大量的、同时也是很简单的处理单元(或称神经元)广泛连接而形成的复杂网络系统，反映了人脑功能的许多基本特性，但它并不是人脑神经网络系统的真实写照，只是对其进行了某种简化、抽象和模拟。一般认为，神经网络系统是一个高度复杂的非线性动力学系统，虽然构成系统的单个神经元的结构和功能十分相似，但由大量神经元构成的网络系统的行为是丰富多彩和十分复杂的。人工神经网络近年来发展迅速，其中误差逆向传播多层前馈神经网络(BP 神经网络)由于概念简单，容易实现，且有很强的非线性映射能力，在岩土工程中得到了广泛的应用。针对基于遗传算法和神经网络的评估方法，国内外专家学者进行了大量的研究工作，将其应用于隧道地质参数及施工参数优化、隧道施工安全预警等领域[26-28]。

水下隧道结构健康状态评价方法的研究刚刚起步，需要将结构健康监测数据与日常表观检测数据有机结合起来，对水下隧道的状态进行综合评估。因此，尽管出现了以模糊集合理论、结构可靠度理论、神经网络等为理论框架的各种结构评估专家系统，但能否将其推广和应用到广泛的工程实践中，还有待于对结构进行深入的研究。

3. 基于层次分析法的模糊综合评价方法

水下隧道结构安全性评价是一项复杂的系统性问题，本质上水下隧道结构状态的好坏是模糊的，因此多采用模糊数学对其进行安全性评价，基于层次分析法的模糊综合评价方法[29,30]应用广泛，评价方法的详细介绍及流程如下。

1) 模糊综合评判

模糊综合评判就是应用模糊数学对目标对象所涉及的因素进行单一评判，然后综合各方面的情况，对目标对象给出一个综合评判。若要在生产规划、管理调度以及社会经济等复杂系统中做出任何一个决策或评价，则都要对其相应因素进行综合考虑，这些都属于模糊综合评判问题。

模糊综合评判分为单层综合评判和多层综合评判。多层综合评判把因素按特点分成几层，先对每一层进行综合评判，再对评判结果进行高层次的综合评判。

单层综合评判的基本原理是：假定评判结果由 n 个因素决定，构成因素集 $U = \{u_1, u_2, \cdots, u_n\}$，可能出现的评判构成评判集 $V = \{v_1, v_2, \cdots, v_m\}$，单层综合评判模型为

$$B = A \circ R \tag{1-1}$$

式中，$B = \{b_1, b_2, \cdots, b_m\}$ 为评判集 V 上的模糊集，它是对事物或现象的一个总体评价，也是做出评判的依据；$A = \{a_1, a_2, \cdots, a_n\}$ 是因素集 U 上的模糊集，称为权值分配向量，它是对因素一个统一的权衡，但是否归一化需要由运算类型决定；$R = (r_{ij})_{n \times m}$ 为综合判断矩阵；"∘"表示某种模糊合成运算，常用的模糊合成运算有以下几种。

(1) 主因素决定型模糊合成运算，此时：

$$b_j = \bigvee_{i=1}^{n} (a_i \wedge r_{ij}), \quad j = 1, 2, \cdots, m \tag{1-2}$$

式中，∨、∧分别表示取大、取小运算符。

这种合成运算实质上只考虑了突出因素而忽略了其余因素的影响，它的结果

由最大指标决定，其余指标在一个范围内变化均不影响评判结果。这种合成运算较适用于单因素计算综合最优的情况。其优点是运算简便，且反映了许多实际问题的实质，但对于有的问题，可能丢失很多信息，因此所得的结果有些粗糙，这时权值向量可以不进行归一化。

(2) 主因素突出型模糊合成运算，此时：

$$b_j = \bigvee_{i=1}^{n} (a_i \cdot r_{ij}), \quad j = 1, 2, \cdots, m \qquad (1\text{-}3)$$

式中，"·"表示矩阵乘法符号。

这种合成运算比主因素决定型模糊合成运算精细，由此得到的评判结果也较主因素决定型模糊合成运算得到的结果"细腻"，它在一定程度上反映了非主要指标，可用于主因素决定型模糊合成运算失效的情况。这种合成运算中，权值向量也不必归一化。

(3) 加权平均型模糊合成运算，此时：

$$b_j = \sum_{i=1}^{n} (a_i \cdot r_{ij}), \quad j = 1, 2, \cdots, m$$

$$\sum_{i=1}^{n} a_i = 1 \qquad (1\text{-}4)$$

在这种合成运算中，每一个因素对评判结果都有一定的贡献，它对所有因素依据权重的大小均衡兼顾，比较适用于要求整体指标的情形，这时应进行权值向量归一化。

模糊综合评判的步骤如下。

(1) 建立因素集和评判集。

设 $U = \{u_1, u_2, \cdots, u_n\}$ 为 n 种因素构成的集合，称为因素集；设 $V = \{v_1, v_2, \cdots, v_m\}$ 为 m 种评判所构成的集合，称为评判集。

(2) 建立综合判断矩阵。

通过建立模糊隶属函数的方法生成综合判断矩阵 $R = (r_{ij})_{n \times m}$。其中，$r_{ij}$ 表示因素 u_i 对评判 v_j 的隶属度，$r_{im} = (r_{i1}, r_{i2}, \cdots, r_{im})$ 表示因素 u_i 对评判集 V 的隶属向量，由 n 个隶属向量生成判断矩阵 $R = (r_{1m}, r_{2m}, \cdots, r_{nm})^{\mathrm{T}}$。

隶属度由隶属函数确定。由于模糊集合研究的对象具有模糊性和经验性，正确地确定隶属函数是运用模糊集合理论解决实际问题的基础。隶属函数实质上反映的是函数的渐变性，因此难以找到一种统一的计算方法，其确定过程均停留在经验和试验的基础上。常用的确定隶属函数的方法有模糊统计法、例证法、指派法、二元对比排序法等。

在进行级别归属的隶属度选择时，一般选用升半梯形分布、降半梯形分布、

尖 Γ 分布和正态分布，其表达式分别如下。

① 升半梯形分布的隶属度函数：

$$\mu(x)=\begin{cases}0, & x<a_1 \\ \dfrac{x-a_1}{a_2-a_1}, & a_1\leqslant x\leqslant a_2 \\ 1, & x>a_2\end{cases} \qquad (1\text{-}5)$$

② 降半梯形分布的隶属度函数：

$$\mu(x)=\begin{cases}1, & x<a_1 \\ \dfrac{a_2-x}{a_2-a_1}, & a_1\leqslant x\leqslant a_2 \\ 0, & x>a_2\end{cases} \qquad (1\text{-}6)$$

③ 尖 Γ 分布的隶属度函数：

$$\mu(x)=\begin{cases}\mathrm{e}^{k(x-a)}, & x\leqslant a \\ \mathrm{e}^{-k(x-a)}, & x>a\end{cases} \qquad (1\text{-}7)$$

④ 正态分布的隶属度函数：

$$\mu(x)=\mathrm{e}^{-k(x-a)^2}, \quad k>0 \qquad (1\text{-}8)$$

(3) 综合评判。

对于因素集 U 上的模糊集 $A=(a_1,a_2,\cdots,a_n)$，通过 R 变换为评判集 V 上的模糊集：

$$B=A\circ R=(b_1,b_2,\cdots,b_m) \qquad (1\text{-}9)$$

将 B 归一化，令

$$B'=(b_1',b_2',\cdots,b_m') \qquad (1\text{-}10)$$

式中，

$$b_m'=\frac{b_m}{\displaystyle\sum_{i=1}^{m}b_i}, \quad i=1,2,\cdots,m \qquad (1\text{-}11)$$

(4) 计算综合评判值。

$$N=B'\cdot C^{\mathrm{T}} \qquad (1\text{-}12)$$

式中，$C=(c_1,c_2,\cdots,c_m)$ 为评判集的权值分配向量；C^{T} 为 C 的转置矩阵，按照普通矩阵的乘法，就可以得到综合评判值。

2) 层次分析法

层次分析法在对复杂的评判问题的本质、影响因素及其内在关系等进行深入分析的基础上，利用较少的定量信息使评判的思维过程数学化，从而为多目标、多准则或无结构特性的复杂评判问题提供简便的方法。运用层次分析法确定评判指标的权重，分为以下三个步骤进行[20, 30]。

(1) 建立递阶层次结构：层次结构就是把复杂的问题分解为不同的层次，层次又由不同的元素组成。同一层次的元素作为准则，对下一层次的某些元素起支配作用，同时它又受上一层次元素的支配。这种从上至下的支配关系形成的递阶层次结构如图 1-22 所示。

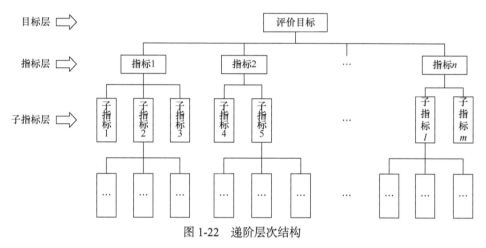

图 1-22　递阶层次结构

最高层中只有一个元素，一般它是分析问题的预定目标或理想结果，也称为目标层。中间层中包含了为实现目标所涉及的中间环节，它可以由若干个层次组成，包括所需要考虑的准则、子准则，因此也称为指标层。如果需要，还可以包括最低层，这一层次包括为实现目标可供选择的各种措施、决策方案等，因此也称为子指标层。

(2) 构造各层次的判断矩阵：层次结构反映出了不同因素之间的关系，但准则层中的各准则在目标衡量中所占的比重并不一定相同，因此需要构造一个判断矩阵，给出不同层次因素的相对重要程度，也称为标度。

假设现在要比较 n 个因子 $X = \{x_1, x_2, \cdots, x_n\}$ 对某因素 Z 的影响大小，Saaty 等建议可以采取对因子进行两两比较，建立成对比较矩阵的办法，即每次取两个因子 x_i 和 x_j，以标度 a_{ij} 表示 x_i 和 x_j 对 Z 的影响之比，全部比较结果用矩阵 $A = (a_{ij})_{n \times m}$ 表示，称 A 为 Z 和 X 之间的成对比较判断矩阵(简称判断矩阵)。容易看出，若 x_i 与 x_j 对 Z 的影响之比为 a_{ij}，则 x_j 与 x_i 对 Z 的影响之比应为 $a_{ji} = a_{ij}^{-1}$。关于如何确定 a_{ij} 的值，Saaty 等建议引用数字 1～9 及其倒数作为标度。表 1-11 列出了 1～9 标度的含义。

表 1-11　标度及其含义表

标度	含义	标度	含义
1	两个因素相比同等重要	7	前一因素比后一因素强烈重要
3	前一因素比后一因素稍微重要	9	前一因素比后一因素极端重要
5	前一因素比后一因素明显重要	2、4、6、8	上述相邻判断的中间值

(3) 层次单排序及一致性检验：判断矩阵 A 对应于最大特征值 λ_{max} 的特征向量 ω，经归一化后为同一层次相应因素对上一层次某因素相对重要性的排序权值，这一过程称为层次单排序。

一般来讲，在 AHP 中计算矩阵的最大特征值和特征向量并不需要很高的精度，因此用近似方法计算 λ_{max} 和 ω 即可，可采用方根法进行计算，步骤如下。

① 计算判断矩阵 A 每行所有元素的几何平均值：

$$\bar{\omega}_i = \sqrt[n]{\prod_{j=1}^{m} a_{ij}}, \quad i = 1, 2, \cdots, n \tag{1-13}$$

得到 $\bar{\omega} = (\bar{\omega}_1, \bar{\omega}_2, \cdots, \bar{\omega}_n)$。

② 将 $\bar{\omega}_i$ 归一化，即

$$\omega_i = \frac{\bar{\omega}_i}{\sum_{i=1}^{n} \bar{\omega}_i}, \quad i = 1, 2, \cdots, n \tag{1-14}$$

得到 $\omega = (\omega_1, \omega_2, \cdots, \omega_n)^{\mathrm{T}}$，即特征向量的近似值，也是各评判指标的权值向量。

③ 计算判断矩阵的最大特征值 λ_{max}：

$$\lambda_{max} = \sum_{i=1}^{n} \frac{(A\omega)_i}{n\omega_i} \tag{1-15}$$

式中，$(A\omega)_i$ 为 $A\omega$ 的第 i 个元素。

上述构造判断矩阵的办法虽能减少其他因素的干扰，较客观地反映出一对因子影响力的差别，但是特征根连续地依赖于 a_{ij}，因此 λ_{max} 比 n 大得越多，A 的非一致性程度就越严重，λ_{max} 对应的标准化特征向量也就越不能真实地反映出 $X = \{x_1, x_2, \cdots, x_n\}$ 在对因素 Z 的影响中所占的比重。因此，有必要对构造出的判断矩阵进行一致性检验，以判断它是否可以接受。对判断矩阵进行一致性检验的步骤如下。

① 计算一致性指标(consistency index，CI)：

$$CI = \frac{\lambda_{max} - n}{n - 1} \tag{1-16}$$

式中，n 为判断矩阵的阶数。当 $\lambda_{max}=n$ 时，CI=0，为完全一致；当 $\lambda_{max}>n$，判断矩阵不具有一致性时，需要引入一致性指标，CI 越大，判断矩阵的一致性越差，一般只要 CI$\leqslant$0.1，就认为判断矩阵的一致性可以接受。判断矩阵的维数($n\geqslant4$)越大，判断的一致性就越差，因此应放宽对高维判断矩阵一致性的要求，于是引入平均随机一致性指标(average random consistency index，RI)进行修正。

② 查找相应的平均随机一致性指标：平均随机一致性指标是多次(500 次以上)重复进行随机判断矩阵特征值的计算之后，取算术平均数得到的。4～15 阶重复计算 1000 次的平均随机一致性指标如表 1-12 所示，可以根据该表查询相应的 RI。

表 1-12　平均随机一致性指标(RI)

阶数	4	5	6	7	8	9	10	11	12	13	14	15
RI	0.89	1.12	1.26	1.36	1.41	1.46	1.49	1.52	1.54	1.56	1.58	1.59

③ 计算一致性比例(consistency ratio，CR)：

$$CR = \frac{CI}{RI} \tag{1-17}$$

若 CR<0.1，则认为该判断矩阵的一致性可以接受。

3) 综合评价算子

综合评价算子是运用多个子指标求取综合评价结果的数学运算。构建盾构法水下隧道健康状态的综合评价算子，除了应当满足基本要求，还应当突出考虑各因子集中的最不健康因子。各层因子的健康状态主要由其所对应的下层因子集中的最不健康因子所控制，即下层因子中的最小健康评价值对上层因子的健康评价结果起关键性作用；同时兼顾层内所有因子的共同状态，用所有因子的加权平均值来表示所有评价因子的综合状态。综上考虑，构建模糊综合评价算子 S 如下：

$$S = \alpha \cdot S_1 + \beta \cdot S_2 \tag{1-18}$$

式中，α、β 分别为 S_1、S_2 的权重，对于具体工程问题，应根据实际情况分析确定其配比；S_1 为层内最不健康因子的评价值；S_2 为层内所有因子的加权平均值。

参 考 文 献

[1] 孙钧. 论跨江越海建设隧道的技术优势与问题[J]. 隧道建设, 2013, 33(5): 338-342.

[2] 王梦恕. 水下交通隧道的设计与施工[J]. 中国工程科学, 2009, 11(7): 4-10.

[3] 钱七虎. 水下隧道工程实践面临的挑战、对策及思考[J]. 隧道建设, 2014, 34(6): 503-507.

[4] 王梦恕. 水下交通隧道发展现状与技术难题——兼论"台湾海峡海底铁路隧道建设方案"[J]. 岩石力学与工程学报, 2008, 27(11): 2161-2172.

[5] 肖明清. 水下隧道设计技术[M]. 北京: 中国铁道出版社, 2016.

[6] 孙谋, 谭忠盛. 盾构法修建水下隧道的关键技术问题[J]. 中国工程科学, 2009, 11(7): 18-23.

[7] 何川, 刘四进, 张玉春, 等. 水下隧道衬砌结构服役安全及其保障对策思考[J]. 中国工程科学, 2017, 19(6): 44-51.

[8] 刘甲荣, 郭洪, 崔新壮, 等. 隧道结构损伤分析、健康监测与预警技术[M]. 北京: 人民交通出版社, 2015.

[9] 颜庭祥, 孙国庆. 海底盾构管廊隧道结构病害分析性及治理技术[J]. 隧道建设, 2015, 35(3): 257-261.

[10] 叶耀东, 朱合华, 王如路. 软土地铁运营隧道病害现状及成因分析[J]. 地下空间与工程学报, 2007, (1): 157-160, 166.

[11] 李景宏. 土木工程结构安全性评估、健康监测及诊断述评[J]. 科技传播, 2012, 22(19): 82-90.

[12] 黄俊. 水底大直径盾构隧道健康监测系统研究与应用[D]. 北京: 北京交通大学, 2013.

[13] 黄俊, 陈喜坤, 李宏, 等. 结构智能健康监测系统在水下隧道中的应用[J]. 地下空间与工程学报, 2017, 13(S1): 306-313.

[14] 黄宏伟, 陈龙, 胡群芳, 等. 隧道及地下工程的全寿命风险管理[M]. 北京: 科学出版社, 2010.

[15] 徐一旻, 李盛. 结构健康监测系统在大型桥梁运营养护与安全管理中的应用[J]. 武汉理工大学学报(信息与管理工程版), 2017, 39(3): 254-258, 285.

[16] 孙利民, 尚志强, 夏烨. 大数据背景下的桥梁结构健康监测研究现状与展望[J]. 中国公路学报, 2019, 32(11): 1-20.

[17] 张素磊. 隧道衬砌结构健康诊断及技术状况评定研究[D]. 北京: 北京交通大学, 2012.

[18] 李明. 山岭隧道与地下工程健康评价理论研究及应用[D]. 成都: 西南交通大学, 2011.

[19] 李华, 焦彦杰. 基于 RMR 的模糊 AHP 法在岩体分级中的应用[J]. 工程地质学报, 2011, 19(5): 648-655.

[20] 洪平, 刘鹏举. 层次分析法在铁路运营隧道健康状态综合评判中的应用[J]. 现代隧道技术, 2011, 48(1): 28-32.

[21] 侯艳娟, 张顶立. 浅埋大跨隧道穿越复杂建筑物安全风险分析及评估[J]. 岩石力学与工程学报, 2007, (S2): 3718-3726.

[22] 许传华, 任青文. 地下工程围岩稳定性的模糊综合评判法[J]. 岩石力学与工程学报, 2004, (11): 1852-1855.

[23] 刘端伶, 谭国焕, 李启光, 等. 岩石边坡稳定性和 Fuzzy 综合评判法[J]. 岩石力学与工程学报, 1999, (2): 3-5.

[24] 文明, 张顶立, 季学伟, 等. 隧道工程可靠性基本要素统计分析与建议[J]. 北京交通大学学报, 2019, 43(6): 34-42.

[25] 文明. 高速铁路隧道围岩空间变异性的力学响应分析及应用[D]. 北京: 北京交通大学, 2018.

[26] 卢志飞. 基于有限元与神经网络的反演方法及其在隧道工程中的应用研究[D]. 北京: 北京交通大学, 2020.

[27] 张锦, 陈林, 赖祖龙. 改进遗传算法优化灰色神经网络隧道变形预测[J]. 测绘科学, 2021, 46(2): 55-61, 77.

[28] 刘思思. 基于神经网络及遗传算法技术的边坡稳定性评价研究[D]. 长沙: 中南林业科技大

学, 2006.

[29] 杜明庆. 高速铁路隧道仰拱结构力学特性与安全性评价[D]. 北京: 北京交通大学, 2017.

[30] 苏永华, 何满潮, 孙晓明. 岩体模糊分类中隶属函数的等效性[J]. 北京科技大学学报, 2007, (7): 670-675.

第 2 章　水下隧道结构健康监测系统

水下隧道埋于地下，受地质、水文条件影响大，包括在实际施工中，隧道设计时对施工材料、环境等一些因素考虑欠周全，在隧道运营过程中，受到材料和结构退化、自然灾害或者人为因素等影响，均会导致隧道主体结构的损坏和劣化。若能有效开展水下隧道结构健康监测，则可实时全面了解隧道运营期的结构安全状况，对其存在的安全隐患进行预测、预报，采取有效的防治措施，使安全风险降到最低，因此水下隧道结构健康监测的必要性毋庸置疑。本章分别从水下隧道结构健康监测系统的总体设计、硬件设计以及软件平台开发等方面展开研究，介绍水下隧道结构健康监测系统的软件架构、硬件架构和主要功能，阐明水下隧道结构健康监测系统的核心内容。

2.1　水下隧道结构健康监测系统的总体设计

水下隧道结构健康监测是针对水下隧道的特性，结合水下隧道结构健康监测的原则，对运营水下隧道的现场进行调查和长期监测，根据调查和监测结果，对水下隧道结构健康状态给出评价，并给出病害状态的整治措施。

2.1.1　设计目标

水下隧道结构健康监测系统由硬件和软件两部分组成。

硬件部分包括传感器系统、数据采集系统、数据传输系统和数据存储与管理系统。其中，传感器系统将待测信息转换为所需信息输出，数据采集系统通过传感器采集数据，数据传输系统负责数据传输，数据存储与管理系统将接收到的数据存储并管理。

软件部分包括数据采集软件、数据库软件、数据分析管理软件和数据展示管理软件等。其中，数据采集软件实现数据的采集和传输，数据库软件对采集到的数据进行存储和管理，数据分析管理软件实现数据分析、结构安全预警和评估。分析和预警信息经数据展示管理软件，在友好的用户操作展示界面上呈现。

软件和硬件之间互相配合，实现整个健康监测工作，即数据采集软件控制传感器，传感器和数据采集仪采集数据，通过数据传输系统将采集到的数据发送给数据存储与管理系统，数据库软件将收到的数据存储到数据存储与管理系统，然后数据分析管理软件对数据进行分析并对服务器中的数据进行管理操作，最终的分析和预警信息通过数据展示管理软件展示给工作人员。

水下隧道结构健康监测系统应具有以下功能：能及时处理监测数据，分析监测信息，随时掌握隧道的稳定状况，对可能出现的险情及时进行预警，为水下隧道结构健康状态的正确分析评价、预测预报及治理维护提供可靠的基础性数据，为决策部门制定相应的防灾、减灾对策提供科学依据，也是检验隧道设计参数、工程质量及治理工程效果的有效尺度，同时为进行有关的分析和数值计算提供参数等。

水下隧道结构健康监测预警的目标是对隧道运营期间出现的隧道劣化现象进行在线实时监控诊断预警，减少在隧道管理上人力、物力资源的浪费，并根据诊断预警结果制定出相应的隧道劣化趋势防治措施，让隧道管理者和隧道专家能够及时准确了解隧道的安全状况，同时将影响隧道运营安全的劣化现象在孕育期解决，从而提高隧道的安全指标。

2.1.2　设计原则

1. 水下隧道结构健康监测系统设计原则

设计水下隧道结构健康监测系统时，要综合考虑系统的功能要求和经济要求两个方面，需要依据实用性、可靠性、经济性等原则进行系统设计[1]。

(1) 实用性原则：结合水下隧道实际情况，明确系统设计目标，针对水下隧道具体情况进行系统设计，系统设计首先需要满足水下隧道养护管理和运营的需要，保证系统使用功能的实现，立足实用性原则第一、兼顾考虑科学试验和设计验证等方面因素。

(2) 可靠性原则：为保证系统的长时间可靠、稳定运行，应优先选用工业级硬件设备，同时要有适当的应急措施，以保证系统出现故障时能迅速恢复。为保证系统在未来较长时间内仍可以继续使用，并能保持一定的领先地位而不会被淘汰，应适当考虑采用当前具有深厚的研究基础和发展潜力的先进技术。

(3) 经济性原则：即在满足系统使用功能的基础上，对可以使用的各种监测技术进行成本(效益)分析，从经济上实现系统的优化选择。系统主要监测一些有代表性的结构、必须进行监测的重要结构以及日常养护无法检查或检查非常困难的结构。

总而言之，进行水下隧道结构健康监测系统设计时，应当针对具体工程具体分析，不能不切实际，盲目照搬，也不能在项目上一味求全，在技术上一味求新。

2. 水下隧道结构健康监测点布设原则

水下隧道建设施工不同于常规的隧道，在运营一段时间后，易产生不均匀沉降等病害，主要包括土层性质、车振荷载、复杂的周边环境和结构形式差异等。因此，水下隧道结构健康监测以地下暗埋段、敞开段差异沉降监测以及与沉埋段接口部位相对位置变化的监测为重点。水下隧道结构健康监测点布设基本原则如下：

(1) 根据岩土条件、埋深、结构特点、支护类型、开挖方式、变形区内环境状况和设计要求等因素制定，在变形体和环境条件发生异常变化时，应增补监测点。

(2) 监测点应符合规范要求，结构布置合理，地面稳固，且不影响正常的交通运行。

(3) 监测点应埋设于便于长期保存和观测方便的位置，应避开大型用电设备和其他障碍物。

(4) 沉降点监测应在隧道的进口、出口进行地基处理的地段，从洞口起每25m布设监测断面；对于水下隧道内一般地段沉降观测断面的布设，要根据地质围岩级别确定，一般情况下Ⅲ级围岩每400m、Ⅳ级围岩每300m、Ⅴ级围岩每200m布设一个观测断面。当长度不足时，每段围岩或不同衬砌段应至少布置一个断面。对于不良地质和复杂地质区段，观测断面的间距为一般地段的1/2。

在系统软件、硬件开发时，应保证隧道结构健康监测系统硬件系统良好的稳定性，简洁方便的软件交互界面，通过后台功能强大的数据信息管理系统，可以提高整个水下隧道结构健康监测系统的运行水平。

3. 水下隧道结构健康监测仪器选取原则

目前，对工程质量和安全监测主要是通过对岩土和结构的应力、应变和温度等物理指标监测来实现的，其中尤以岩土体和结构体的变形监测最为重要，因为变形是结构体在内动力、外动力和人类工程活动作用下的一种基本表现形式，是结构体在受内动力、外动力作用后的外在综合反映，也是分析结构体状态和安全的基本物理量。

用于水下隧道结构健康监测的仪器元件，从原理上分类主要有振弦式、电阻式、光纤式、压电式等几种。常用的几种类型传感器比较如表2-1所示。这些仪器元件在性能、效果、经济等各方面均有所不同，因此需要根据实际工程具体选择。一般仪器选择应遵循以下原则：

(1) 防水、防潮，即适宜在含水或潮湿环境下工作，且工作稳定。电阻式传感器在这方面相对较差。

(2) 防腐蚀性强。选择仪器时不仅要考虑传感器元件的防腐蚀性，还应当考虑传感器接头与传输线路的防腐蚀能力。

(3) 耐用性。从理论上而言，各类监测仪器都具有耐用性，但考虑到厂家工艺水平及实际应用效果，光纤式传感器和振弦式传感器相对较好。

(4) 抗干扰能力强。

(5) 能实现远距离自动监测。

(6) 埋设方便。实际应用表明，传感器埋设水平与最终监测效果有很大关系，因此在保证监测效果的前提下，尽可能选择埋设方法简便的技术。从此角度出发，光纤式传感器就不如振弦式传感器、电阻式传感器等应用方便。

表 2-1 常用的几种类型传感器比较

功能	电阻式传感器	振弦式传感器	光纤式传感器	压电式传感器
防水、防潮	较差	较好	好	较好
防腐蚀性	较差	较好	好	较好
耐用性	较差	好	好	好
抗干扰能力	较好	好	好	好
远距离自动监测	较好	好	好	好
埋设应用	简单	简单	较复杂	简单

2.1.3 总体架构

完整的水下隧道结构健康监测系统包括传感器系统、数据采集系统、数据传输系统和数据存储与管理系统，还包括实现诊断功能的各种软件和硬件。

1. 硬件部分

硬件部分一般包含以下三个部分。

(1) 传感器系统：包括现场感知元件的选择和传感器网络在结构中的布置方案，主要是由现场感知元件传感器将待测物理量转变为电信号或光信号。

(2) 数据采集系统和数据传输系统：数据采集系统主要完成各种不同传感数据的采集和初步处理工作，一般安装于待测结构中。数据传输系统则是通过无线电、电缆或光缆等传输方式，结合网络等远程传输设备，将采集并处理过的数据传输到监控中心，对于人工巡测数据，则需要专人将巡测数据录入人工巡测管理软件系统。

(3) 数据存储与管理系统：主要将监测及巡测过程中采集的各种数据存储到数据库系统，将监测数据直接以形象直观图形化的方式展现出来，使数据分析更加简单，是支护体结构健康监测系统的重要组成部分，该系统进一步结合在线分析和专家决策系统。

2. 软件部分

软件部分一般包括以下三个部分。

(1) 中心数据库子系统：实现实时数据采集、存储、历史数据管理等功能，一般在服务器端数据库软件上实现。

(2) 预警与评价子系统: 基于监测得到的水下隧道结构不同物理量, 参考相应规范, 辅助数值计算、统计分析, 结合监测物理量长期变化趋势, 判断损伤的发生、位置、程度, 对水下隧道结构健康状况做出评估, 如发现异常、发出报警信息。

(3) 用户界面子系统: 友好的用户操作展示界面一般在工作站端软件或网络端软件上实现, 供隧道管理人员日常管理和维护。

软件系统用户有四类: 管理者、技术人员、专家、系统管理员。用户及其主要使用目的如表 2-2 所示。

表 2-2　用户角色表

编号	用户名称	主要使用目的
1	管理者	主要查看一些直观的、结论性的数据
2	技术人员	为系统主要使用者, 主要工作为日常数据监测、预警信息处理、统计查询监测数据、评估报告查询及巡检管理
3	专家	主要使用系统的各类数据, 辅助进行离线的数据分析和评估功能
4	系统管理员	负责系统的日常工作状态监控、维护、系统参数设置

2.2　水下隧道结构健康监测系统的硬件设计

水下隧道结构健康监测系统的许多功能既可以用硬件实现, 也可以用软件实现。例如, 报警系统可以用声光报警电路系统、短信猫等硬件实现报警, 也可以完全用软件的方法在软件客户端实现实时的报警。实际应用中, 要根据具体情况来规划软件、硬件所要实现的功能。

2.2.1　传感器

传感器类似于人的感觉器官, 是人类感官的延伸, 传感器担负着感知外界环境变化、收集外界信息的任务(图 2-1)。传感器要求具有高度感受结构力学状态的能力, 能够将应变、位移、加速度等测量参数直接转换成采集信号输出。水下隧道结构尺寸庞大, 其自振频率往往非常低, 结构的响应水平通常也非常小, 因此要求传感器必须具有频响范围广、低频响应好、测量范围大、有足够的可靠性和较高的响应速度等特点, 以便能够迅速、准确地反映外部信息。

1. 传感器类型

结构健康监测系统中常用的传感器有应变片传感器、振弦式传感器, 除了传统的传感器, 目前主要还采用各种新型智能传感器, 包括光纤光栅传感器、光纤

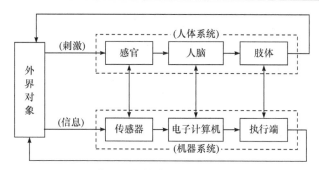

图 2-1　人体系统与传感器机器系统的对应关系

F-P 应变传感器、分布式光纤传感器、压电超声波传感器等，这些新型智能传感器已广泛应用于各类工程结构的实测中。

1) 应变片传感器

安装在弹性体上的应变片，在外荷载作用下，弹性体的变形与应变片的电阻变化之间呈线性关系，应变片传感器就是基于这一原理制成的、测量各种物理量(如力、重量、压力、位移、加速度及扭矩等)的传感器的统称。对于由半导体压阻元件(半导体应变片)制成的电阻式应变传感器，通常称为压阻式传感器。电阻应变片的工作原理是将应变量转变为电阻变化量，其传感方程表达式为

$$\begin{cases} \dfrac{\mathrm{d}R}{R} = K_0 \varepsilon \\ K_0 = 1 + 2\mu + \lambda E \end{cases} \tag{2-1}$$

式中，对于特定金属材料，K_0 为常数；λ 为压阻系数；R 为电阻值；μ 为泊松比；E 为弹性模量；ε 为应变量。

传统的电阻应变片结构如图 2-2(a)所示。在实际应用中，电阻式应变传感器通常用电桥法来提高传感器的稳定性和灵敏度[2]。电桥法是一种重要的测量技术，可以测量电阻、电容、电感、频率、压力、温度等许多物理量。电桥法具有线路原

(a) 传统的电阻应变片结构

箔片压力式

柱式

悬臂梁式

桥式

轮辐式

S形拉压式

(b) 常见的电阻式应变传感器

图 2-2　电阻式应变传感器

理简明、仪器结构简单、操作方便、测量的灵敏度和精确度较高等优点，因此广泛应用于各种传感测量设备中。电桥分为直流电桥和交流电桥两大类。直流电桥又分为单臂电桥和双臂电桥，单臂电桥称为惠斯通电桥，双臂电桥称为开尔文电桥。

　　惠斯通电桥是由英国物理学家惠斯通在 1843 年第一次用于测量电阻而得名的。惠斯通电桥线路的原始形式如图 2-3 所示。通过欧姆定律可以计算出每个电阻两端的电压。由电压分压定理计算得到 A、C 两点的电压，进而得到两点间的电压差为

$$\Delta V = V_A - V_C = V_{CC} \cdot \left(\frac{R_2}{R_1 + R_2} - \frac{R_3}{R_3 + R_x} \right) = V_{CC} \cdot \left[\frac{R_2 \cdot R_x - R_3 \cdot R_1}{(R_1 + R_2)(R_3 + R_x)} \right] \quad (2\text{-}2)$$

　　由此可以看出，如果四个电阻都相等，即 $R_1=R_2=R_3=R_x$，那么$\Delta V=0$，即电桥处于平衡状态；R_x 发生变化会导致ΔV 发生变化；在实际使用中，通常将其中三个电阻值固定，而将另外一个电阻换成电阻应变片，即可以用惠斯通电桥来测量应变等物理量。

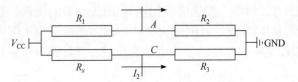

图 2-3　惠斯通电桥线路的原始形式

　　应变片传感器通常用金属合金制成，如常温静载、中温静载及大应变测量中常用铜镍合金材质的应变片传感器；铁镍铬合金材质传感器常用于动态应变和高精度应变测量中；贵金属合金材质传感器则主要用于高温应变测量。常用电阻式应变传感器主要参数如表 2-3 所示。

表 2-3　常用电阻式应变传感器主要参数

参数		数值
应力测量范围	拉应力/MPa	0～200、0～300、0～350
	压应力/MPa	0～100
拉应力限值/MPa		240、360、400
压应力限值/MPa		120
最小读数(MPa/0.01%)		<1.0(拉应力测量范围：0～200MPa) <1.3(拉应力测量范围：0～300MPa) <1.35(拉应力测量范围：0～350MPa)
0℃自由状态电阻比		0.94～1.04
温度测量范围/℃		−25～60
耐水压分档/MPa		0.5、3

2) 振弦式传感器

振弦式传感器是目前国内外普遍重视和广泛应用的一种非电量电测的传感器。由于振弦式传感器直接输出振弦的自振频率信号，具有抗干扰能力强、零点漂移小、性能稳定可靠、耐震动、寿命长等特点，与电阻式应变传感器相比，有着突出的优势。

振弦式传感器由受力弹性形变外壳(或膜片)、钢弦、紧固夹头、激振和接收线圈等组成。钢弦自振频率与张紧力的大小有关，在振弦几何尺寸确定后，振弦振动频率的变化量即可表征受力的大小。现以双线圈连续等幅振动的激振方式来表述振弦式传感器的工作原理，如图 2-4 所示。工作时开启电源，线圈带电激励钢弦振动，钢弦振动后在磁场中切割磁力线，所产生的感应电势由接收线圈送入放大器放大输出，同时将输出信号的一部分反馈到激振线圈，保持钢弦的振动，这样不断地反馈循环，加上电路的稳幅措施，使钢弦达到电路所保持的等幅、连续的振动，然后输出与钢弦张力有关的频率信号。

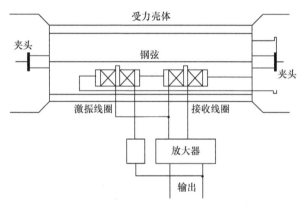

图 2-4 振弦式传感器工作原理图(连续激振型号)

振弦这种等幅、连续振动的工作状态，符合柔软无阻尼微振动的条件，振弦的振动频率可由式(2-3)确定：

$$f_0 = \frac{1}{2L}\sqrt{\frac{\sigma_0}{\rho}} \tag{2-3}$$

式中，f_0 为初始频率；L 为钢弦有效长度；ρ 为钢弦材料密度；σ_0 为钢弦初始应力。

钢弦的质量 m、有效长度 L、截面积 S、弹性模量 E 可视为常数，因此钢弦的应力 σ 与输出频率 f 建立了相应的关系。当外力 F 未施加时，钢弦按初始应力做稳幅振动，输出初始频率为 f_0；当施加应力或压力时，形变壳体(或膜片)发生相应的拉伸或压缩，使钢弦的应力增加或减少，这时 f_0 也随之增加或减少。因此，只要测得振弦频率 f，即可得到相应应力或压力等。常用的振弦式传感器如图 2-5 所示。

(a) 振弦式混凝土应变传感器　　　　(b) 振弦式沉降仪

图 2-5　常用的振弦式传感器

　　振弦式传感器的振弦激振方式分为间歇触发激振和等幅连续激振。目前，单线圈形式的振弦式传感器均采用间歇触发激振的方式，由张弛振荡器产生激振脉冲，当脉冲信号发出时，吸动继电器，通过常开触头，将触发电压加于振弦式传感器的激振线圈上，产生电磁力，吸动钢弦；当脉冲终止时，继电器释放，松开钢弦，从而产生自由振动并切割磁力线，在激振线圈中产生感应电势，通过继电器常闭触头输入测试仪器，测得钢弦的振动频率。采用等幅连续激振方式的振弦式传感器具有激励和接收两组带磁钢的电磁线圈，与放大电路、反馈和稳幅电路组成等幅的振荡器。在开启电源时激励钢弦，钢弦切割磁力线而在接收线圈中产生感应电势，将其输出放大，并反馈到激振线圈补足能量，不断循环。在稳幅电路限制的反馈量下，达到等幅连续激振，其振动频率即钢弦的自振频率。

　　两种技术的构成不同，带来一些性能上的差异。一般而言，单线圈结构的传感器由于内部的电子部件少，传感器的可靠性及耐恶劣环境性都更好一些；同时，由于只采用一个线圈，传感器的体积可以做得很小(而自动谐振式传感器需要更长的钢弦，以便容纳两个线圈)；此外，由于单线圈振弦仪器只需两芯电缆，总体费用也更便宜。而自动谐振-双线圈传感器的一个优点是可通过高速计数技术或把频率转换成电压方式在一定范围可进行动态应变测量(通常动态信号输入频率限制在 100Hz 之内，这主要取决于传感器的谐振频率)；另一个优点是可以使用通用的频率计和数据记录仪，即可读取其他制造商的自动谐振式传感器的数据，两种振弦式传感器对比如表 2-4 所示。

表 2-4　两种振弦式传感器对比

类型	间歇触发激振振弦式传感器	等幅连续激振振弦式传感器
激振方式	间歇触发激振	等幅连续激振
结构	单线圈	激励和接收两组带磁钢的电磁线圈
可靠性	好	较好
价格	较低	较高

　　传感器的灵敏度可通过调整传感器的结构进行调整。提高灵敏度最有效的办法是缩短弦长，同时在保证振弦能稳定起振的情况下，钢弦应力尽可能小些。此外，采用细弦、减小抗弯刚度，也可以提高灵敏度。但振弦应满足柔软无阻尼振动运动微分方程，因此钢弦不能过短，弦长与直径之比应大于 200，一般在 300～400 为宜。

　　振弦式传感器是机械结构式的，它不受电流、电压、绝缘等电参数的影响，因此其零点稳定，这是这类传感器的突出优点。但若材料选择、工艺处理不当，则残余应力、蠕变等会严重影响传感器的稳定性。为了提高振弦式传感器的长期稳定性，必须严格选择材料、工艺处理、加工方法并进行时效处理，才能保证其良好的稳定性。

　　另外要注意的是振弦式传感器以钢弦为转换元件，存在滞后的特性，因此只能适用于静态和不大于 10Hz 的准动态测试。

　　振弦式传感器的测量系统通过激振电路激振后，输出的频率信号可采用各种频率仪、数字频率仪进行测频或周期的测试，也可通过频率电压转换器或接口转换，输送给打印机、函数记录仪、光线示波器、微机等进行数据处理、记录存储。

　　常用的振弦式传感器主要有应变计、土压力计、测缝计、钢筋计、孔隙水压力计等，典型参数如表 2-5 所示。

表 2-5　振弦式传感器典型参数(以应变计为例)

参数	数值
应变测量范围/$\mu\varepsilon$	−1000～1500、−1250～1250、−1500～1000、−1000～2000、−1500～1500、−2000～1000
标距 L/mm	50、100、150、250
端部直径 D/mm	3～50
分辨率/(%F.S.)	≤0.2
滞后/(%F.S.)	≤1.0
综合误差/(%F.S.)	≤2.5
温度测量范围/℃	−20～60
温度测量误差/℃	±0.5
绝缘电阻/MΩ	＞50
相对湿度	≤95%
工作大气压/kPa	86～106
防水密封性/MPa	0.01、0.1、0.5、1.0、2.0、3.0

注：F.S.表示满量程误差。

3) 光纤光栅传感器

光纤光栅传感器属于光纤传感器的一种，其基本原理是通过外界物理参量对光纤布拉格(Bragg)波长的调制来获取传感信息，是一种波长调制型光纤传感器。

光纤属于石英玻璃材料，具有天然的抗电磁干扰性能及良好的抗老化性能和耐腐蚀性，可保证长期稳定使用。光纤传输和光纤传感为一体，结构小巧、方便安装，可以保证对水下隧道的无损监测，并满足水下隧道远距离信号传输的要求。由于光纤光栅传感器传播信号以波长调制，不受光强、连接损耗等影响，具有高可靠性、高灵敏度和高精度的特点，同时易于实现数字化传感。此外，光纤光栅传感器可以实现准分布式测量，即在一根光纤上刻蚀一系列不同波长的光栅，从而获得多个位置的传感信息。由于光纤光栅传感器是由离散的光纤光栅组成的，只能用于测量确定位置的传感信号，若用于水下隧道结构健康监测，则需要对水下隧道结构进行分析，以确定危险地点，然后有针对性地放置传感器。

光纤光栅传感器的工作原理是耦合波理论，当满足相位匹配条件时，光纤光栅的布拉格波长可以表示为

$$\lambda_{\text{B}} = 2n_{\text{eff}}\Lambda \tag{2-4}$$

其中，λ_{B} 为布拉格波长；n_{eff} 为光纤传播模式的有效折射率；Λ 为光栅周期。

光纤光栅传感器原理如图 2-6 所示。当一宽谱光源进入光纤后，经过光纤光栅后会有布拉格波长为 λ_{B} 的光被反射，其他波长的光会透射。反射的中心波长信号(布拉格波长)λ_{B} 与光栅周期 Λ、纤芯有效折射率 n 有关，因此当外界环境变化导致光栅温度和应变改变时，会引起反射光的中心波长随之改变，即光纤光栅反射中心波长的变化反映了外界环境量的变化情况。

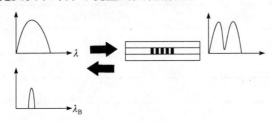

图 2-6　光纤光栅传感器原理图

布拉格波长和温度、应变之间的关系为

$$\frac{\Delta\lambda_{\text{B}}}{\lambda_{\text{B}}} = (\alpha_{\text{f}} + \xi)\Delta T + (1 - P_{\text{e}})\Delta\varepsilon \tag{2-5}$$

式中，P_{e} 为有效弹光常数；ΔT 为温度的变化量；$\Delta\varepsilon$ 为光纤光栅所受的应变变化量；α_{f} 为光纤的热膨胀系数；ξ 为光纤材料的弹光系数。

其中，

$$\alpha_{\mathrm{f}} = \frac{1}{\varLambda}\frac{\mathrm{d}\varLambda}{\mathrm{d}T} \tag{2-6}$$

$$\xi = \frac{1}{n}\frac{\mathrm{d}n}{\mathrm{d}\varepsilon} \tag{2-7}$$

在普通单模光纤的 1550nm 窗口处，中心波长的温度系数约为 10.3pm/℃，应变系数为 1.209pm/με。

光纤光栅传感器要达到较高的分辨率，通常需要使用代价较大的高分辨率波长解调系统，如高分辨率光谱仪或解调仪等。工程中常用的高分辨率解调设备有美国海洋光学、日本横河和日本安利的光谱仪，美国微光光学(Micron Optics，MOI)公司的多通道解调仪。

在水下隧道监测中，常见的光纤光栅传感器主要有光纤光栅应变传感器、光纤光栅振动传感器、光纤光栅温度传感器、光纤光栅腐蚀传感器等。

(1) 光纤光栅应变传感器的基本原理：在应变的作用下，一方面弹性形变效应使光栅的周期伸长或缩短，另一方面光弹效应使光纤的折射率发生变化。弹性形变效应和光弹效应使光栅 Bragg 波长随应变的改变而改变。通过观察光栅 Bragg 波长变化即可得到观测点的应力信息。常见的光纤光栅应变片结构和光纤光栅应变传感器封装如图 2-7 所示。光纤光栅应变传感器是目前应用较多的一类传感器，常用品牌有美国基康等。光纤光栅应变传感器的主要参数如表 2-6 所示，安装方式为机械固定、支架安装。

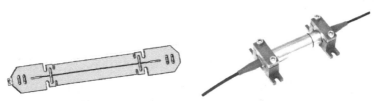

(a) 光纤光栅应变片结构　　　　　　　　(b) 光纤光栅应变传感器封装

图 2-7　光纤光栅应变片结构和光纤光栅应变传感器封装

表 2-6　光纤光栅应变传感器的主要参数

参数	数值
光栅中心波长/nm	1510～1590、1525～1600
光栅反射率/%	≥80
量程/mm	0～100、0～200
精度/(%F.S.)	≤0.3
线性度/(%F.S.)	≤0.1
插入损耗/dB	≤0.5
响应时间/s	0.7、3
工作温度范围/℃	−30～80、−30～120、−30～150、−40～150、−50～80

(2) 光纤光栅振动传感器的基本结构和实物图如图 2-8 所示，其原理是：当底座随着振动物体振动时，质量块上会产生一个与运动方向相反的惯性力，使得质量块振动并带动光纤离开原来的位置，光纤的拉力改变了光栅的周期，使光栅的反射波长发生变化，随着质量块的振动，光栅波长的幅度与频率产生相应的变化[3]。当被测物振动频率过高，达到振子固有振动频率时，会产生共振。若振动频率进一步提高，则振子的运动将跟不上底座结构的高频振动，振子就会呈现相对静止的状态，其位移量只表示结构在振动时产生的位移，因此当振动频率高于振子的固有频率时，光纤光栅振动传感器只能起到测量位移的作用。因此，光纤光栅振动传感器是以一阶共振频率为界限的，只能测量低于一阶共振频率的振动。

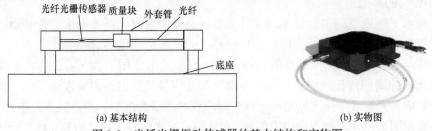

(a) 基本结构   (b) 实物图

图 2-8 光纤光栅振动传感器的基本结构和实物图

(3) 光纤光栅温度传感器是一种基于光弹效应的温度传感器。光纤光栅在受外界温度影响时，光栅的有效折射率和周期都会发生变化，使得光纤光栅中心波长发生漂移。光纤光栅反射波长的移动与温度的变化呈线性关系，因此可以用光纤光栅实现很好的温度监测。常见的光纤光栅温度传感器如图 2-9 所示。普通的光纤光栅温度传感器灵敏度只有 0.01nm/℃左右，这样对于工作波长为 1550nm 的光纤光栅，测量 100℃的温度范围内的波长变化仅为 1nm。要达到较高的分辨率，通常需使用高分辨率波长解调系统。常用光纤光栅温度传感器的主要参数如表 2-7 所示，封装形式为不锈钢，安装方式为表面胶黏或螺丝固定等。

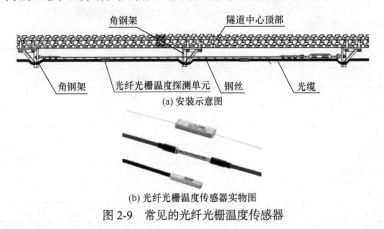

(a) 安装示意图

(b) 光纤光栅温度传感器实物图

图 2-9 常见的光纤光栅温度传感器

表 2-7　常用光纤光栅温度传感器的主要参数

参数	数值
波长范围/nm	1510～1590、1525～1600 等
3dB 带宽/nm	0～0.2
测量范围/℃	−30～80、−30～120、−30～150、−40～150
精度/(%F.S.)	≤ 0.5
分辨率/℃	0.01、0.05、0.1
反射率/%	＞ 90
插入损耗/dB	≤ 0.5
响应时间/s	0.7、3

(4) 光纤光栅腐蚀传感器主要监测基于钢筋的锈蚀状态与钢筋体积之间的数学关系，能比较准确地反映锈蚀程度及腐蚀速率的变化。图 2-10 为一种光纤光栅腐蚀传感器，其主要由 2 根钢筋、1 个光纤光栅和连接光纤构成。光纤光栅腐蚀传感器的具体制作方法是：选取工程所用钢筋材质相同的两根钢筋棒，钢筋棒的直径与工程所用钢筋相同，沿直径方向剖成两半，并且在直径位置刻一通槽，用来放置光栅；然后扣紧两个半光纤棒，将光栅放在槽内，使栅区位于两光纤中间，拉紧光纤光栅，用 AB 胶将光纤粘贴在槽内，等胶干后，将另外两个半光纤合拢，使两钢筋棒合拢，最后采用水泥砂浆外封装[4]。当钢筋发生锈蚀时，所产生的膨胀应力会引起光纤的应变，进而反映在光纤光栅中心波长的漂移上，通过监测波长漂移的大小和漂移的速率，可以确定腐蚀程度和腐蚀速率。

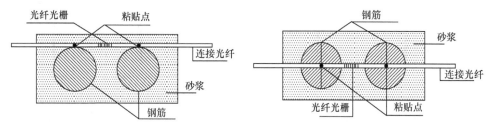

图 2-10　光纤光栅腐蚀传感器

4) 光纤 F-P 应变传感器

光纤 F-P 应变传感器是从光学 F-P 干涉仪发展而来的，光学 F-P 干涉仪简称 F-P 干涉仪，其原理如图 2-11 所示。间隔为 L 的两块内表面镀上光学高反膜的平行板组成 F-P 谐振腔，光束射入腔内后，在 F-P 腔的内表面产生多次反射，从而形成光学谐振，产生多光束干涉输出[5]。将反射率 R 定义为反射光强 I_r 与入射光

强 I_t 之比：

$$R = I_r / I_t \tag{2-8}$$

可得反射光强为

$$I_r = \frac{2(1-\cos\varphi)I_t}{1+R^2-2R\cos\varphi} \tag{2-9}$$

$$\varphi = \frac{2\pi}{\lambda}2nl \tag{2-10}$$

式中，φ 为 F-P 腔产生的相位差；λ 为入射光波长；l 为 F-P 腔腔长；n 为 F-P 腔腔内介质折射率。

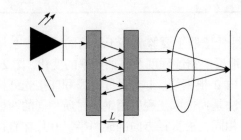

图 2-11　F-P 干涉仪原理图

光纤 F-P 应变传感器在光纤中人为制造出两个反射面，构成一个反射腔，此腔称为光纤 F-P 腔。若射入光纤 F-P 腔的光强为 I_0，入射光束中心波长为 λ_1，腔长为 l_1，两束反射光束相遇干涉后的反射光强近似为

$$I_r = I_0 \cos\left(\frac{4\pi nl_1}{\lambda_1}\right) \tag{2-11}$$

当光纤 F-P 应变传感器埋于材料结构内部时，结构的内部应变将使光纤 F-P 应变传感器的腔长发生相应变化，从而改变输出光强和波长的分布。由式(2-11)可知，光纤 F-P 应变传感器的输出光强与腔长和波长之间的关系如图 2-12 所示。

在解调时，通过输出光强或波长的变化得到谐振腔腔长的变化量 Δl，可以得到应变量：

$$\varepsilon = \frac{\Delta l}{a} \tag{2-12}$$

式中，a 为敏感长度，即传感器的标距。

光纤 F-P 应变传感器系统结构[6]如图 2-13 所示，由宽谱光源发出的光被耦合进光纤，经 2×2 耦合器进入传感器系统的传感部分——传感 F-P 腔，光波作为载

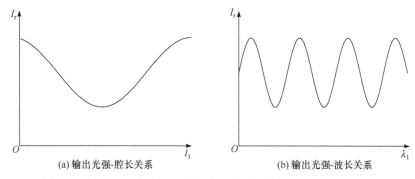

(a) 输出光强-腔长关系　　　　　　　(b) 输出光强-波长关系

图 2-12　光纤 F-P 应变传感器的输出光强与腔长和波长之间的关系

波经入射光纤传输到 F-P 腔传感头，光波的某些特征参量在传感头内被外界物理量调制，表现为 F-P 腔腔长的改变。腔长的改变使得从反射光纤反射回的两束光的光程差不同，由白光的干涉原理可知，当光程差为传输光半波长的整数倍时，在反射光的接收屏上就会出现干涉条纹，且干涉条纹最亮。对应干涉条纹最亮波长的光经耦合器进入光电探测器进行检测，检测出对应两干涉条纹最亮处波长的变化，输出到电荷耦合器件(charge-coupled device，CCD)线阵元上，不同 CCD 的信号峰值点对应不同的波长。被 CCD 阵列接收的光信号转化为模拟电信号，模/数(analog/digital，A/D)转换器把模拟电信号转换为数字电信号，输入计算机，计算机在波长和腔长关系的基础上，把输入进来的信号进行加工、处理和显示。

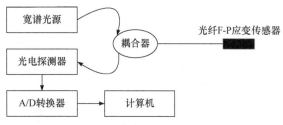

图 2-13　光纤 F-P 应变传感器系统结构

5) 分布式光纤传感器

常见的分布式光纤传感器根据原理不同可分为基于布里渊散射的分布式传感器和基于拉曼光时域反射(Raman optical time domain reflection，ROTDR)的光纤温度传感器。

(1) 基于布里渊散射的分布式传感器利用光波在光纤中传播，并与光纤中的声学声子相互作用发生布里渊散射[7]。当光纤沿线轴向应变或者温度发生变化时，光纤中的背向布里渊散射光的频率相对于注入的脉冲光频率将发生漂移，布里渊散射光频率的漂移量与光纤所受的轴向应变和温度的变化呈良好的线性关系，布里渊光时域反射仪(BOTDR)就是利用光纤中的自发布里渊散射光的频移变化量与光纤所受的轴向应变或温度之间的线性关系,得到光纤的轴向应变或温度分布。图 2-14 为 BOTDR 传感系统基本结构。由光源发出的连续激光角频率为 ω_0,经过调制器将连续光调制成脉冲光进行探测,脉冲探测光进入传感光纤后产生布里渊散射,散射光的频率为 $\omega_0 + \Omega_B$,反向的散射光沿着传感光纤返回到入射端,进入信号探测和处理系统,将处理后获得的不同位置(由不同时间对应得到)的布里渊传感信号进行洛伦兹拟合,就可以得到不同位置上的布里渊频移。再根据布里渊频移与温度、应变的对应关系(式(2-5))得到具体的温度、应变信息,最后通过采样点的先后顺序确定光纤沿线各点对应的传感信息,实现全分布式的温度和应变传感。

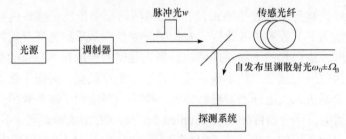

图 2-14　BOTDR 传感系统基本结构

由于 BOTDR 测量的是后向散射光,具有单端检测的优势,但是自发布里渊散射光功率很小,因此检测的信号信噪比很低,造成了对测量精度和传感距离的制约。而基于受激布里渊散射原理的布里渊光纤时域分析(Brillouin optical fiber time domain analysis,BOTDA)技术,被检测的信号强度大,使得更高精度和更长距离的传感成为可能。

BOTDA 传感系统基本结构如图 2-15 所示。光源 1 发出的连续激光经过调制器调制后成为泵浦脉冲光,随后泵浦脉冲光从一端进入传感光纤,另外一端,由光源 2 发出的连续探测光频率比泵浦脉冲光低了一个布里渊频移,即斯托克斯光。当泵浦脉冲光与连续探测光在传感光纤中相遇时,因为有受激布里渊放大效应,泵浦脉冲光将一部分能量通过声波场转移给了斯托克斯光,通过在接收端进行信

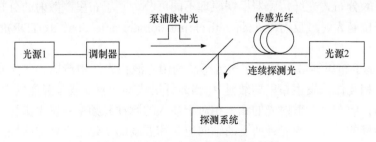

图 2-15　BOTDA 传感系统基本结构

号检测，可以得到沿光纤线路的斯托克斯光功率的变化。又因为能量转移的大小与泵浦脉冲光和探测光之间的频率差有关，并且当两种光的频率差为布里渊频移时，能量转移达到最大，通过记录每个位置、每个频率下能量转移的大小，就可以得到整个光纤上的布里渊增益谱，再对布里渊增益谱进行洛伦兹拟合从而得到每个位置的布里渊频移，最终实现整个光纤上的分布式温度应变的测量。

(2) 基于拉曼光时域反射的光纤温度传感器(简称拉曼温度传感系统)是拉曼散射感温效应和光时域反射(optical time domain reflection, OTDR)技术相结合，拉曼散射感温效应应用于温度测量，OTDR 技术对光纤沿线进行空间定位。光纤中的自发拉曼散射是在注入光纤的泵浦脉冲光小于一定阈值时的散射，一种情形是分子的热平衡没有被破坏，斯托克斯光和反斯托克斯光是受温度调制的；另一种情形是受激拉曼散射，分子热平衡被破坏，这是拉曼放大器的理论基础。拉曼温度传感系统要在自发散射的情况下运行，这样才能保证测量结果的准确性。在实际的解调处理中，常采用斯托克斯光和反斯托克斯光的比值来求出温度信息。背向拉曼散射的斯托克斯光和反斯托克斯光功率表达式如下。

斯托克斯光功率：

$$P_S(T) = \frac{1}{2} v E_0 \frac{1}{1 - \exp(-h\Delta v / kT)} \Gamma_S \eta_1 \eta_2 \eta_3 \exp\left[-(a_0 + a_S)L\right] \tag{2-13}$$

反斯托克斯光功率：

$$P_{AS}(T) = \frac{1}{2} v E_0 \frac{1}{1 - \exp(-h\Delta v / kT)} \Gamma_{AS} \eta_1 \eta_2 \eta_3 \exp\left[-(a_0 + a_{AS})L\right] \tag{2-14}$$

式中，$P_S(T)$ 为斯托克斯光功率；$P_{AS}(T)$ 为反斯托克斯光功率；v 为光纤中的光速；E_0 为入射光脉冲能量；T 为外界的温度信息；Γ 为单位长度上的光散射系数；η_1、η_2、η_3 为光纤光路中各器件的光通过比例；a_0、a_S 和 a_{AS} 分别为入射光、斯托克斯光和反斯托克斯光在光纤中传输的损耗系数；L 为光纤中计算点距离光纤入射端的距离；h 为普朗克常数；Δv 为拉曼频移；k 为波尔兹曼常数。将式(2-13)和式(2-14)做比，就可以得到与温度有关的公式：

$$R(T) = I_{AS} / I_S = (v_{AS} / v_S)^4 \exp\left[-hv_S / (kT)\right] \tag{2-15}$$

反斯托克斯光是受外界温度调制的，这是拉曼温度传感器进行温度测量的理论基础。

光时域反射技术由 Barnoski 博士于 1976 年提出，最早用于检测光纤的衰减、断裂和进行空间故障的定位。该技术利用了激光雷达的原理，从光纤入射端注入一定频率的重复激光信号，然后在光纤入射端接收返回的光信号，并建立时间与空间位置上的对应关系，当某处信号发生突变时，就可以确定故障发生的位置点。

OTDR 系统基本结构如图 2-16 所示。

将一束激光脉冲注入光纤中，激光脉冲在光纤中传输时会不断产生散射光，其中一部分散射光将沿光纤返回。假设从注入激光脉冲到接收到 L 处的背向散射光所需的时间为 t，则在 t 时间内，激光传播的距离为 $2L$，可得

$$L = \frac{vt}{2} \tag{2-16}$$

式中，v 为激光脉冲在光纤中的传播速度，$v=2\times10^8\mathrm{m/s}$。

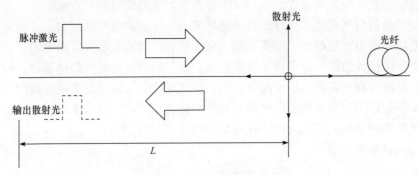

图 2-16　OTDR 系统基本结构

由式(2-16)可知，在不同时刻接收到的散射信号表示不同位置发生的散射。若激光脉冲注入光纤后，在某位置受到外界环境(如温度、压力等)的影响，则该位置返回散射光的表征参量(如强度、频率等)会相应地发生变化，通过探测这些表征参量的变化，可以获得外界被测参量的信息。如果将拉曼散射感温效应和 OTDR 技术相结合，对光纤上多个散射点进行温度测量和定位，就能得到整条光纤上的温度分布信息。

6) 压电超声波传感器

在声学研究领域中，传感器是指可以实现电能和声能相互转换的电声传感器，当传感器的工作频率是 20kHz～500MHz 时，称为超声波传感器。按照传感器的能量转换机理可以把超声波传感器分为压电超声波传感器、静电超声波传感器、机械型超声波传感器等。其中，压电超声波传感器是目前理论研究和实际应用最广泛的一种。

压电超声波传感器是利用某些电介质受力后产生的压电效应制成的传感器。压电晶体组成的超声波传感器是一种可逆传感器，它可以将电能转换成机械振荡而产生超声波，它接收超声波的同时，也能转换成电能，因此它可以分为发送器或者接收器，有的超声波传感器既是发送器，也是接收器。

将压电超声波传感器埋入地下时，变形量、力和输出电压之间的关系由于元件和岩土之间的动态而变得复杂。然而，测量波速并不需要知道各物理量之间的

确切关系，只需要知道发送端何时开始产生振动，接收端何时收到超声波，即输入电流脉冲和记录输出电压之间的时间差。现代电子仪器很容易实现该功能。

压电超声波传感器的优点是频带宽、灵敏度高、信噪比高、结构简单、工作可靠性高和重量轻等；缺点是某些压电材料需要采取防潮措施，而且输出的直流响应差，需要采用高输入阻抗电路或电荷放大器来克服这一缺陷。配套仪表和低噪声、小电容、高绝缘电阻电缆的出现，使压电超声波传感器的使用更为方便。

目前，应用比较广泛的压电超声波传感器主要有压电式测力传感器和压电式加速度传感器，具体描述如下：

(1) 压电式测力传感器是利用压电元件直接实现力-电转换的传感器，在拉、压场合，通常较多采用双片或多片石英晶体作为压电元件，其刚度大、测量范围宽、线性及稳定性高、动态特性好。当采用大时间常数的电荷放大器时，可测量准静态力。按测力状态分，有压电式单向测力传感器、压电式双向测力传感器和压电式三向测力传感器，它们在结构上基本一样。图 2-17 为压电式单向测力传感器的结构图。基座用来绝缘和定位。基座内外底面对其中心线的垂直度、上盖、石英晶片、电极上下底面的平行度与表面光洁度都有极严格的要求，否则会使横向灵敏度增加或使石英晶片因应力集中而过早破碎。为提高绝缘阻抗，压电式单向测力传感器装配前要经过多次净化(包括超声波清洗)，然后在超净工作环境下进行装配，加盖之后用电子束封焊。

压电式测力传感器的结构类型有很多，但其基本原理与结构与压电式加速度传感器大同小异，突出的不同点是，压电式测力传感器必须通过弹性膜、盒等把压力收集起来，转换成力，再传递给压电元件。为保证静态特性及其稳定性，通常多采用石英晶体作为压电元件。

(2) 压电式加速度传感器的结构原理如图 2-18 所示。压电元件一般由两片压电片组成。在压电片的两个表面上镀银层，并在银层上焊接输出引线，或在两个

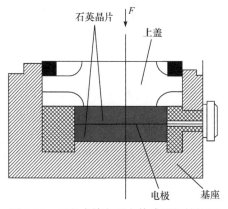

图 2-17　压电式单向测力传感器的结构图

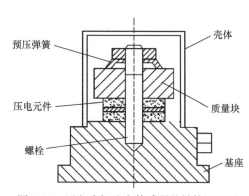

图 2-18　压电式加速度传感器的结构原理图

压电片之间夹一片金属片，引线就焊接在金属片上，输出端的另一根引线直接与传感器基座相连。在压电片上放置一个比重较大的质量块，然后用一预压弹簧或螺栓、螺帽对质量块预加荷载。整个组件装在一个厚基座的金属壳体中，为了隔离试件的任何应变传递到压电元件上，避免产生假信号输出，因此一般要加厚基座或选用刚度较大的材料来制造。

测量时，将压电式加速度传感器的基座与试件刚性固定在一起。当压电式加速度传感器感受到振动时，预压弹簧的刚度相当大，而质量块的质量相对较小，可以认为质量块的惯性很小，因此质量块与压电式加速度传感器基座有相同的振动，并受到与加速度方向相反的惯性力作用。这样，质量块就有一正比于加速度的交变力作用在压电片上。压电片具有压电效应，因此在它的两个表面上就产生了交变电荷(电压)，当振动频率远低于压电式加速度传感器的固有频率时，压电式加速度传感器的输出电荷(电压)与作用力成正比，即压电式加速度传感器与试件的加速度成正比。输出电量由压电式加速度传感器输出端引出，输入到前置放大器后就可以用普通的测量器测出试件的加速度，如果在前置放大器中设计适当的积分电路，就可以测出试件的振动加速度或位移。

2. 传感器布设要求

混凝土是一种非均质结构，砂石骨料的尺寸一般在 10～20mm，因此埋入式传感器一般很难达到与混凝土密切结合的程度，同时由于砂石骨料的作用，沿传感器长度方向上结构各点的变形也是不均匀的，只有把传感器与混凝土紧密地结合在一起并保持传感器与混凝土变形的均匀一致性，传感器的测试信号才能真实地反映混凝土的变形情况。国内外关于混凝土变形的测试技术普遍认为，由于混凝土中大尺寸砂石骨料的作用，单纯测量某一点的应变不能真实地反映混凝土整体变形的情况，应以一定长度范围内的平均应变来反映混凝土的整体变形。应变片式传感器、振弦式传感器、压电式传感器等一般是通过在混凝土钻孔并用螺栓固定，或用加固件固定在钢筋上。而光纤式传感器通常比较脆弱，光纤式传感器的封装和布设固定也与其他种类传感器有很大不同。

1) 光纤式传感器封装保护处理

由于通常用的单模光纤裸纤特别纤细，外径约为125μm，主要成分是 SiO_2，特别脆弱，尤其它的抗剪能力很差，若直接将其作为传感器，将无法胜任隧道工程的浇注等粗放式施工。同时，隧道环境较为恶劣，空气潮湿，具有腐蚀性，普通光纤光栅温度传感器很难在隧道内长期正常进行温度检测，因此要先对裸纤进行封装保护处理后，再进行布设，常见的封装形式有片状封装、管状封装、盒状封装，所用封装材料有金属、聚合物等。

管状封装有单端封装和双端封装两种形式[8]，两者均可形成网络监测，单端封装组网时常采用并接方式，传感器间独立性强，不会相互影响，但同一根光纤上仅能串接一个光栅。双端封装组网时多采用串接方式，传感器之间协同工作，独立性不强，一个传感器发生异常可能会影响关联着的其他传感器的正常工作。金属管封装方式由于结构紧凑、体积小、强度高、导热快、布设方便而广受关注[9]，具体的封装方法为：

(1) 将光纤光栅传感器套上金属导管，并与金属导管一起植入混凝土。混凝土捣实后，在混凝土固结前将金属导管取出，使光纤光栅传感器与混凝土固结在一起。

(2) 钢筋的应变也可以反映钢筋混凝土的受力状态。将光纤光栅传感器直接粘贴于钢筋上，或者在钢筋表面开一个小凹槽，将光纤纤芯嵌入凹槽，从而保护纤芯，也可以在建造时把光栅埋进复合筋，实现更完善的保护。

(3) 将光纤光栅装入小型预制构件中，然后将小型预制构件作为大型部件的一部分埋入。

(4) 采用封装技术将光纤光栅传感器封装在与混凝土膨胀系数较一致的金属导管内，外部荷载通过金属导管传递到光栅上。

2) 防海水、盐雾腐蚀保护措施

值得注意的是，对封装好的光纤光栅传感器复合安装埋设在混凝土之前应做好充分的准备工作，主要有技术准备、材料设备准备、传感器和仪器的检验与标定、传感器信号传输线的连接、传感器编号、安装支架的制作、集线箱的准备等。

此外，对于近海岸附近或海底隧道，还要注意对监测设备采取防海水、盐雾腐蚀措施。由于海底环境中的仪器设备、电缆常年裸露在盐雾腐蚀区里，另外，埋入式振弦传感器、光纤光栅传感器等有可能会完全浸泡在海水中，仪器设备、电缆等很容易被腐蚀。为减轻海水、盐雾对仪器设备的危害，通常采取如下防海水、盐雾腐蚀保护措施：

(1) 传感器与传感器之间的连接光缆均采用不锈钢外壳材料或不锈钢材质的铠装光缆。316 不锈钢具有良好的耐氯化物侵蚀的性能，因此适用于海洋环境。虽然不锈钢材料具有优良的耐腐蚀性，但传感器完全浸泡在海水中，依然有可能发生应力腐蚀、晶间腐蚀、点腐蚀，可以根据现场的水文资料在传感器安装前视情况做进一步防海水腐蚀处理。例如，在 316 不锈钢表面涂覆环氧涂料或防腐改进环氧涂料，以减轻海水对传感器的腐蚀。

(2) 电缆、电力线缆和数据线缆全部选用铜绞绝缘导线。盐雾对铜导线危害较轻，且导线的外绝缘层可起到很好的防盐雾作用。

(3) 安装件及金具、输配电缆的挂钩、铁杆等铁附件和隧道内各种仪器设备安装的支架等全部热镀锌，线路金具、螺栓等其他配件均采用定型产品和经热镀锌处理的产品。

此外，在系统正常工作时，不仅要满足上述监测目的，还要达到以下对监测手段的要求：传感器应便于安装；传感器单次量测所需时间应尽可能短；测量器件精度应满足施工规范与工程设计要求；测量器件具有长期稳定性，数据准确可靠；测量器件具有良好的防震、防爆、防潮的性能。

3. 水下隧道常用传感器介绍

水下隧道监测所用传感器主要监测项目包括变形监测、应力应变监测、裂缝监测和环境监测。需要根据所监测内容选择相应的传感器，具体如下。

(1) 变形监测内容包含水下隧道结构中的沉降、位移、收敛等，监测传感器主要有静力水准仪、测斜仪、多点位移计、收敛计等。

(2) 应力应变监测内容包含衬砌结构及支撑的应力应变情况，监测传感器主要有衬砌应变计、表面应变计、埋入式应变计、钢筋计、锚索测力计、轴力计等。

(3) 裂缝监测内容包含结构表面或内部的裂缝，监测传感器主要采用测缝计。

(4) 环境监测内容包含水下隧道内的水文环境、温湿度等信息，监测传感器主要采用渗压计、温湿度计等。

1) 变形监测

静力水准仪是一种高精密液位测量仪器(图 2-19)，用于测量水下隧道结构中的各测点不均匀沉降。常用的有基于连通器原理的压差式静力水准仪、基于线性可变差动变压器(linear variable differential transformer，LVDT)原理的电感式静力水准仪、基于电荷耦合器件摄像头光学检测的静力水准仪、基于超声测距原理的超声波静力水准仪和基于磁致伸缩原理的磁致伸缩型静力水准仪等。压差式静力水准仪体积可以很小，安装方便，但受温度影响较大；电感式静力水准仪和磁致伸缩型静力水准仪的优点是成本低、稳定性好，缺点是体积大、量程有限和易受电磁干扰；超声波静力水准仪无机械活动器件，传感器不和液体接触，抗电磁干扰能力强，缺点是受温度影响变化较大。静力水准仪的主要参数如表 2-8 所示。

图 2-19　静力水准仪安装图

表 2-8　静力水准仪的主要参数

参数	数值
量程/mm	0～50、0～100、0～200、0～500
精度/(%F.S.)	≤0.1
灵敏度/mm	≤0.1
工作温度范围/℃	-30～80

倾斜仪是利用倾斜传感器来检测结构倾斜变化，可在水平或垂直方向进行监测，其安装图如图 2-20 所示，可监测包括水下隧道中结构的水平位移、垂直沉降及开挖面的滑坡等。目前采用较多的有伺服加速度式倾斜仪、光纤光栅倾斜仪等。伺服加速度式倾斜仪精度高、量程大、可靠性好，但抗震性能较差；光纤光栅倾斜仪具有防水、防锈蚀、防电磁干扰、长期稳定性好、寿命长、精度高等优点，但操作复杂。倾斜仪的主要参数如表 2-9 所示，安装方式为表贴、螺栓固定、埋入。

图 2-20　倾斜仪安装图

表 2-9　倾斜仪的主要参数

参数	数值
量程/(°)	±1～±50
分辨率/(%F.S.)	≤0.1
精度/(%F.S.)	≤0.1
工作温度范围/℃	-20～60

收敛计适用于测量水下隧道结构中周边任意方向两点间的距离微小变化。收敛计通常安装于结构物表面，主要用于水下隧道结构的收敛监测，也可用于水下隧道结构的位移监测，常用的收敛计有激光收敛计、钢尺收敛计。激光收敛计通过监测从收敛计中发出的激光照射到被测点返回的总时间，得出相应测点的偏移距离。钢尺收敛计是利用机械传递位移，通过钢尺和千分尺得到测量位移信息。

激光收敛计的优点是量程范围较大，钢尺收敛计的优点是测量精度高。表 2-10 为常用的两类收敛计的主要参数。

表 2-10　常用的两类收敛计的主要参数

参数	激光收敛计	钢尺收敛计
量程/m	0.2~50	0.5~30
分辨率/mm	0.1	0.01
精度/mm	±1	0.06

2) 应力应变监测

衬砌应变计用于监测喷浆混凝土隧道衬砌的切向应变和径向应变。多采用光纤式衬砌应变计和振弦式衬砌应变计(图 2-21)，内置温度传感功能，可对外界温度影响产生的变化进行温度修正。测量隧道切向应力的切向应力计一般安装在钢筋笼上。测量隧道径向应力的衬砌应变计安装在喷浆混凝土隧道衬砌与隧道开挖面之间，其主要参数如表 2-11 所示。

图 2-21　振弦式衬砌应变计

表 2-11　衬砌应变计主要参数

参数	数值
量程/MPa	0~20
灵敏度/(%F.S.)	0.025
精度/(%F.S.)	≤0.1
温度测量范围/℃	−30~80
温度测量误差/℃	±0.5

应力计主要应用于水下隧道中的各种钢结构或混凝土结构应力应变的测量，通过混凝土结构或钢材的弹性模量可以计算出其结构的应力。常用的振弦式应力计和光纤光栅式表面应力计内置温度传感功能，可对外界温度影响产生的变化进行温度修正，根据应用场景的不同，有表面式和埋入式两种可供选择。表面式应力计通常采用焊接、螺栓和胶粘贴等方法固定在结构的表面，监测表

面的应力(图 2-22)。需要注意的是,在短期使用时,可采用平面安装座进行胶黏形式的安装,并根据使用时间和环境选择满足使用条件的胶。长期使用或健康监测时必须用平底安装座点焊安装在钢结构上,或用植筋安装座植筋安装在混凝土结构上。埋入式应力计直接埋入混凝土中测量应力,通常是在施工过程中埋入混凝土结构中,损坏后一般不能更换,因此要保证应力计有良好的耐久性。衬砌应力计的主要参数如表 2-12 所示。

图 2-22　表面式应力计

表 2-12　衬砌应力计主要参数

参数	数值
量程/$\mu\varepsilon$	$\pm1500\sim5000$
灵敏度/$\mu\varepsilon$	$0.5\sim1$
精度/(%F.S.)	$\leqslant 0.1$
温度测量范围/℃	$-30\sim80$
温度测量误差/℃	±0.5

　　钢筋计用于测量隧道结构中钢筋的应力。使用中,钢筋计长期埋设在水下隧道的水工结构物或混凝土结构物内,并可同步测量埋设点的温度。常用的钢筋计有振弦式钢筋计(图 2-23)和光纤光栅式钢筋计两种类型,可采用绑扎、焊接或螺纹连接等安装方式,加装配套附件可组成锚杆测力计、基岩应力计等测量应力的仪器。钢筋计的主要参数如表 2-13 所示。

图 2-23　振弦式钢筋计

表 2-13　钢筋计的主要参数

规格参数	型号	φ10	φ12	φ14	φ16	φ18	φ20	φ22	φ25	φ28	φ30	φ32	φ36	φ40
	有效断面面积/mm²	79	113	154	201	255	314	380	491	616	707	804	1018	1257
性能参数	压缩应力范围/MPa							0～300						
	拉伸应力范围/MPa							0～400						
	分辨率/(%F.S.)							≤0.1						
	精度/(%F.S.)							0.1、0.3、0.5、1.0						
	温度测量范围/℃							−30～80						
	温度测量误差/℃							±0.5						

　　锚索测力计用于长期监测水下隧道结构中的各种锚杆、锚索、岩石螺栓、支柱等结构中的荷载和预应力的损失情况，以了解其锚固状态。最常用的锚索测力计是振弦式锚索测力计(图 2-24)，通常采用多弦设计，是为了避免使用过程中可能出现的偏心现象，因为严重的偏心会影响测量精度。安装时一般将锚索测力计套在锚杆外，放在钢垫板和工程锚具之间。锚索测力计主要参数如表 2-14所示。

图 2-24　振弦式锚索测力计

表 2-14　锚索测力计主要参数

参数	数值
量程/kN	0.1～10000
分辨率/kN	0.1～5
精度/(%F.S.)	≤0.1
温度测量范围/℃	−30～80
温度测量误差/℃	±0.5

　　轴力计又称反力计，能长期测量基础对上部结构的反力，通过轴力测量，可掌握锚杆的受力状态、变化过程与趋势，确认锚固效果，还可同步测量埋设点的温度。常用的轴力计主要有三类：①差动式钢筋计量测锚杆，其数据稳定可靠，长期观测效果理想，是一种较好的轴力计；②钢弦式钢筋计量测锚杆，其使用频率仪、周期仪测试，性能较稳定、价格较低、安设时孔径小、使用较方便；③电阻片量测锚杆，其在防潮、防外界干扰方面存在不同的问题。轴力计主要参数如表 2-15 所示。

表 2-15　轴力计主要参数

参数	数值
量程/kN	0.1～5000
分辨率/kN	0.1～5
精度/(%F.S.)	≤0.1
温度测量范围/℃	−30～80
温度测量误差/℃	±0.5

　　振弦式土压计用于监测水下隧道结构中内土应力的变化(图 2-25)。土压计的原理是利用感应板同步感受应力的变化，感应板将形变传递给传感部件，进而得到所测土压信息。常用的土压计有电阻式土压计、振弦式土压计和光纤光栅式土压计，一般可同步测出埋设点的温度。土压计有边界式和埋入式两种安装方式，可根据现场需求选择。土压计主要参数如表 2-16 所示。

图 2-25　振弦式土压计

表 2-16　土压计主要参数

参数	数值
测量范围/MPa	0.1～30.0
分辨率/(%F.S.)	≤0.1

续表

参数				数值
温度测量范围/℃				−25～60(若有温度测量功能)
工作温度范围/℃				−35～85
压力盒尺寸	边界式	竖式	直径 *D*/mm	100～250
			厚度 *H*/mm	20～60
		卧式	直径 *D*/mm	100～300
			厚度 *H*/mm	20～60
	埋入式		一次膜直径 *D*/mm	100～600
			一次膜厚度 *H*/mm	3～30

注：埋入式土压计的压力盒直径与厚度应满足 $D/H \geqslant 20$ 的关系。

3) 裂缝监测

测缝计用于监测水下隧道结构中的表面裂缝和接缝的开合度、结构的形变位移与相对沉降，并可同步测量埋设点的温度。常用的测缝计有振弦式测缝计和光纤光栅式测缝计两种，根据应用需求有埋入式和表面式两种基本结构形式。表面式测缝计直接安装在监测结构的表面(图 2-26)，埋入式测缝计则埋设在混凝土内长期监测结构的裂缝变化。测缝计的主要参数如表 2-17 所示。

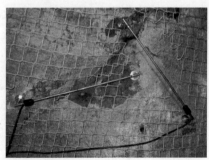

图 2-26　振弦式测缝计安装示意图

表 2-17　测缝计的主要参数

参数	数值
测量范围/mm	0～5、0～10、0～15、0～20、0～25、0～50、0～100、0～150
分辨率/(%F.S.)	≤0.1
测量精度/(%F.S.)	≤0.1
温度测量范围/℃	−30～80
温度测量误差/℃	±0.5

4) 环境监测

渗压计也称为孔隙水压力计,测量结构物或土体内部的渗透(孔隙)水压力,常用的渗压计有振弦式渗压计(图 2-27)、光纤式渗压计及硅压式渗压计等。使用中,根据需求可安装在桩柱、地下连续墙、板桩等上面,也可埋在地下,还可埋在钻孔中测量基岩中的孔隙水压力。渗压计的主要参数如表 2-18 所示。

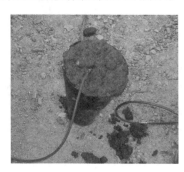

图 2-27　振弦式渗压计

表 2-18　渗压计的主要参数

参数	数值
测量范围/MPa	0~0.1、0~0.16、0~0.2、0~0.25、0~0.4、0~0.6、0~0.8、0~1、0~1.06、0~2.5、0~4、0~6、0~8、0~10
直径/mm	18~60
长度/mm	20~150
分辨率/(%F.S.)	≤0.1
精度/(%F.S.)	≤0.1
温度测量范围/℃	−30~80
温度测量误差/℃	±0.5

电阻温度计用于水下隧道中测量空气、土壤和水的温度,它是以金属电阻作为感温材料的感温元件,其电阻值随温度的变化而改变(图 2-28)。使用时,电阻温度计通常贴在外表面或埋设在混凝土和建(构)筑物内部,对结构温度进行监测,有片状和柱状两种常见封装形式,引线通常为两线或三线,常用的热电阻材料有铂(Pt)、铜(Cu)或其他金属。电阻温度计的主要参数如表 2-19 所示。

图 2-28　电阻温度计

表 2-19　电阻温度计的主要参数

参数	数值
常温绝缘电阻/MΩ	>100(温度为 15～35℃)
上限温度绝缘电阻/MΩ	≥ 10
热响应时间/s	热电阻变化 50%的热响应时间 $\tau_{0.5} \leqslant 10$
耐压力	对热电阻传感体施加 2MPa 压力，作用时间为 60s，热电阻应无有害变形、内部无短路和断路
相容性	材料满足 F 级无溶剂漆的相容性要求
电阻温度系数α、电阻比 W	$\alpha_{Pt} = 3.851\times10^{-3}℃^{-1}(W=1.385\pm0.001)$ $\alpha_{Cu} = 4.280\times10^{-3}℃^{-1}(W=1.428\pm0.002)$
准确度	误差应不大于 0.25℃(温度范围在 0～100℃) 或测量值的 0.25%(温度>100℃)
传感器寿命/h	≥ 40000

图 2-29　分布式温度应变传感光缆

分布式温度应变传感光缆主要用于水下隧道结构完整性的温度监测(图 2-29)，其通常采用布里渊光时域反射技术、布里渊光纤时域分析(布里渊散射)技术和拉曼光时域反射(拉曼散射)技术，把应变传感器和温度传感器组合在一起，可实时监测沿长距离光缆分布的变形(平均应变)和温度(平均温度)。安装方式包括埋入到混凝土或砂浆中、胶黏或夹紧。分布式温度应变传感器的主要参数如表 2-20 所示。

表 2-20　分布式温度应变传感器的主要参数

参数	数值			
温度范围/℃	−40～60			
温度补偿	有			
工作波长/nm	1310	1550	1300	850
光纤衰减/dB(光缆在 20℃时)	≤1.2(应变) ≤0.3(温度)	≤1.0(应变) ≤0.4(温度)	≤ 1.0(温度)	≤ 3.0(温度)
光纤类型	SMF 9/125μm 聚酰胺涂层		MMF 50/125μm 丙烯酸酯涂层	
最小弯曲半径/mm	400(长期)			

注：SMF 为单模光纤；MMF 为多模光纤。

2.2.2　数据采集系统与数据传输系统

1. 数据采集器的总体功能

数据采集器是整个水下隧道结构健康监测系统的重要组成部分，它可以实现多通道采集、数据实时采集并和上位机通信的功能。所设计的数据采集器必须能够满足水下隧道结构健康监测的要求。以下是设计数据采集器的预期目标。

1) 多通道采集

水下隧道结构健康监测是多断面、多测点的监测项目，每个监测断面均安装布置了多个传感器，且每个传感器对应一个数据接收的通道。传感器在测量到数据后，本身是不具备数据传输功能的，这就需要先在隧道内设置一个数据采集网络，实现对每一个监测断面的数据进行采集，然后把采集到的多通道数据发送给网关，使隧道外的模块获取数据，最终发送至远程服务器。

2) 数据实时采集

监控中心能够及时获取各个监测断面的结构实时数据，不仅可监测围岩、支护的工作情况，还可发现监测系统的硬件故障，当结构发生异常时能够产生警告信息，对发生故障的监测设备进行准确定位，采取相应的警告处理措施。

3) 上位机通信功能

数据采集器需要通过上位机通信功能来实现数据的读取，而且数据采集器的参数设定也需要通过上位机实现，因此数据采集器应该具有通信功能。

2. 数据传输系统

水下隧道结构健康监测系统通过传感器将温度、内力等信息转换成光信号或者电信号之后，需要通过数据传输系统将这些信息传回到数据处理终端。另外，水下隧道结构健康监测系统通常包括不同种类、数量的传感器，这些传感器之间有时也需要数据传输系统进行通信。

通信方式有很多种，根据传输介质可分为有线通信和无线通信两种。在具体选择时，设计者需要根据传输距离、数据量、成本等实际情况来选择具体的传输方式。其中，由有线通信介质构成的网络称为有线通信网络，有线通信介质主要包括光缆、电缆、导线等，可进一步划分为无线通信网和光纤通信网。主要以无线传输方式搭建的网络为无线通信网，其传输载体主要由不同频率的电磁波构成，如微波、卫星、激光等。在水下隧道结构健康监测系统中常见的无线通信网有移动通信网、卫星通信网等。用光纤光缆传输信息的网络称为光纤通信网，其通常用通信波段的近红外光传输信息。

有线通信设备有很多优点，如抗干扰能力强、误码率低、稳定性好、具备较好的保密性和传输速率快等，但其只能将通信局限在很小的空间中，具有扩展性弱、施工难度较大、可移动性差、费用高等缺点。

无线通信设备的成本相对低廉、设备维护方便、故障诊断简单，随着科学技术的发展和新挑战的不断涌现，无线通信设备的可靠性和安全性也在不断地提高。通过在加密策略上采用新的方法来改进保密性，在数据传输上实现隐蔽的传输，最终无线传输系统的安全级别将会超过有线传输系统。此外，相比于电缆、光缆数天的铺线工作量，无线通信网可能只需要半天或者几个小时就可以了。此外，采用一些先进的无线通信技术，不但可以很好地达到远程监控的目的，还可以实现移动监控。

1) 有线传输系统

有线传输系统主要用于测试现场的近距离通信，将传感器采集到的数据直接传输给终端进行处理。有线通信主要有光缆传输和电缆传输两种方式。

(1) 光缆传输是利用光波作为载波，以光纤作为传输介质，将信息从一处传至另一处的通信方式。在发送端，首先要把传送的传感信息(如温度、应变)调制到激光器发出的激光束上，使光的强度(或频率)随传感信号幅度(频率)的变化而变化，并通过光纤发送出去；在接收端，检测器收到光信号后将其转变为电信号，经解调后恢复原信息。光缆传输的通信容量大、传输距离远，一根光纤的潜在带宽可达 20THz。光纤的损耗极低，在光波长为 1.55μm 附近，石英光纤损耗可低于 0.2dB/km，这比任何传输介质的损耗都低。因此，无中继传输距离可达几十、甚至上百千米。光缆传输还具有抗电磁干扰、传输质量佳、保密性能好、尺寸小、重量轻、寿命长、材料来源丰富等优点，光缆传输已成为世界通信中的主要传输方式。光缆传输的缺点是机械强度差、光纤的切断和连接较复杂、分路和耦合不灵活、光纤光缆的弯曲半径不能过小(>20cm)。水下隧道结构健康监测的光缆传输方案如图 2-30 所示[10]。

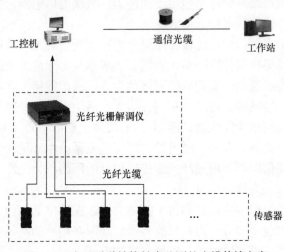

图 2-30　水下隧道结构健康监测的光缆传输方案

(2) 电缆传输中应用较广的是串口总线传输(图 2-31)。串行接口(serial interface)是指数据一位一位地顺序传送，其特点是通信线路简单，只要一对传输线就可以实现双向通信(可以直接利用电话线作为传输线),从而大大降低了成本,特别适用于远距离通信,但传送速度较慢。一条信息的各位数据被逐位按顺序传送的通信方式称为串行通信。串行通信的特点是:数据位的传送按位顺序进行,最少只需一根传输线即可完成;成本低,但传送速度慢。串行通信的距离可以从几米到几千米,根据信息的传送方向,串行通信可以进一步分为单工串行通信、半双工串行通信和全双工串行通信三种。一般情况下,串行通信使用三根线即可完成:地线、发送线、接收线。由于串行通信是异步的,端口能够在一根线上发送数据的同时在另一根线上接收数据,其他线用于握手,但不是必需的。串行通信最重要的参数是波特率、数据位、停止位和奇偶校验位。对于两个进行通信的端口,下面参数必须匹配。

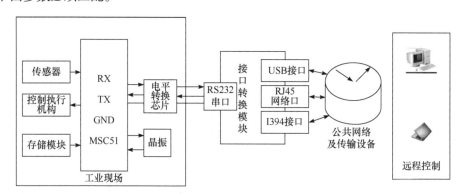

图 2-31　串口总线传输

① 波特率:一个衡量通信速度的参数,它表示每秒传送的比特个数。

② 数据位:衡量通信中实际数据位的参数。

③ 停止位:用于表示单个包的最后一位,典型的值为 1、1.5 和 2。

④ 奇偶校验位:在串行通信中一种简单的检错方式,其有四种检错方式,分别为偶、奇、高和低。

2) 无线传感器网络

无线传感器网络(wireless sensor network,WSN)由部署在监测区域内大量的廉价微型传感器节点组成,通过无线通信方式形成的一个多跳的、自组织的网络系统,其目的是协作地感知、采集和处理网络覆盖区域中感知对象的信息,并发送给观察者。传感器、感知对象和观察者构成了无线传感器网络的三个要素。

无线传感器网络结构如图 2-32 所示。无线传感器网络系统通常包括传感器节点、汇聚节点和通信网络。大量的传感器节点随机部署在监测区域内部或附近,能够通过自组织方式构成网络。传感器节点监测的数据沿着其他传感器节点逐条进行传输,在传输过程中监测数据可能被多个节点处理,经过多跳路由到达网关

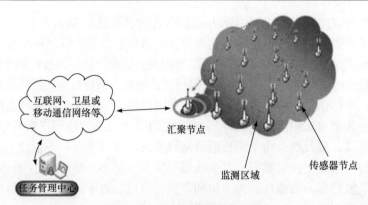

图 2-32　无线传感器网络结构

节点，最后通过互联网、卫星或移动通信网络等到达任务管理中心。用户通过汇聚节点对无线传感器网络进行配置和管理、发布监测任务以及收集监测数据。

当前，常用的无线通信技术有全球移动通信系统(global system for mobile communication，GSM)、通用分组无线业务(general packet radio service，GPRS)、蓝牙(bluetooth)技术、紫蜂(ZigBee)技术、无线带宽(Wi-Fi)技术等。目前，数据的传输方式主要由所选用的传感器来决定，下面分别对其进行介绍。

(1) GSM：国际应用的无线通信技术中应用最广泛的是 GSM 蜂窝系统。

GSM 蜂窝系统是一种电路交换系统，其主要是由网络交换子系统、无线基站子系统(base station subsystem，BSS)、移动台、操作维护子系统组成的。其中，网络交换子系统主要是实现交换的功能和客户的数据与移动性管理、安全性管理所需的数据库功能；无线基站子系统是指在无线覆盖的有限区域内由移动交换中心控制、与网络交换子系统进行通信的设备，实现信道的分配、用户的接入和寻呼、信息的传送等功能；移动台主要负责实现话音编码、信道编码、信息加密、信息的调制和解调、信息的发送和接收等功能；操作维护子系统负责完成对整个 GSM 网络的管理和监控。GSM 除了提供标准化的列表和信令系统，还提供一些智能的业务，主要承载业务有 9600bit/s 数据传输。

GSM 数据通信有很多优点，因为 GSM 蜂窝系统的空中接口采用的是数字技术而不是模拟技术，在恶劣的环境中，GSM 依然能够将无线信号较完整地传输到目的地，具有较强的抗干扰能力；GSM 具有较高的频率复用率，容量也增大到模拟的多倍，具有开放式的接口和通用接口标准，用户权利受到保护，传输信息是加密的，支持多种业务等。但是 GSM 的数据传送只能通过短信业务实现，短信业务与 GSM 数据通信中其他业务的工作过程大不相同。GSM 首先要把数据发送到短信中心的服务器里，短信中心的服务器按接收的顺序进行处理后，发送到接收信息的终端,当接收信息的终端处于关机状态或因信号不好而不能正常工作时,发送的短信会产生延时，等待再次发送的命令，这样就会改变用户接收信息的顺序，即先发的短信比后发的短信接收得晚，因此无法做到完全意义上的实时在线。

(2) GPRS：目前，它是无线通信技术中覆盖面最广的技术之一，虽然现在已经出现了 4G、甚至 5G 技术，但 GPRS 一直在无线通信技术里处于重要地位。

从某种意义上来说，GPRS 是 GSM 的一种延伸，但两者的本质不同，GSM 是一种电路交换系统，而 GPRS 是一种分组交换系统。它们的工作方式也不同，GPRS 是在 GSM 的基础上增加了分组控制单元、服务 GPRS 支持节点、网关 GPRS 支持节点等网元设备，能够实现数据以端到端的分组方式进行接收和发送 (图 2-33)。用户设备通过串行接口把数据传输给监测终端，GPRS 分组数据经过处理后传送给通信基站，通信基站的服务支持节点把接收的分组数据封装好，再将封包的数据发送到 GPRS 骨干网，然后服务支持节点与网关支持节点进行通信，网关支持节点对分组数据进行相应的处理，最后发送到目的网络。GPRS 能够将通信网络和计算机网络有机结合，快速连接网络。除此之外，GPRS 还具有传输速率可高达 115kbit/s、多个用户可以共用一个无线信道、无线信道资源利用率高、能够实现永远在线、支持网际互连协议(internet protocol，IP)和 X.25 协议、收费合理等优点。

图 2-33 基于 GPRS 网络的健康监测系统传输方案

(3) 蓝牙技术是一种支持设备短距离通信的无线电技术，能够在短距离范围内实现互用、相互操作的功能。

蓝牙设备主要由天线单元、链路控制单元、链路管理单元、协议栈单元组成，在全球通用的 2.4GHz ISM(工业、科学、医学)频段工作，ISM 频带是所有无线电系统均可使用的频带，这会造成在工作时遇到不可预测的干扰。为此，蓝牙设备专门设计了快速确认及调频方案，蓝牙技术规定两个及两个以上的设备进行通信时，要符合主从关系才能够正常通信，例如，两个设备通过蓝牙进行通信时，需要确定哪个是主设备，因为通常由主设备查找从设备，建立连接成功后，二者才能够互相通信。蓝牙设备之间的通信是以跳频形式进行的，即在应用中通信频率是动态的、变更的，因此通信内容不容易被窃取，安全方面具有较高的保密性；蓝牙技术采用电路交换和分组交换，可同时传输语音和数据，也可以建立临时的对等连接，具有很好的抗干扰能力。发展至今，蓝牙技术已经大规模地应用于无线通信领域，实现同类或不同类设备间的无线数据传输。蓝牙技术直接提高了短距离通信的效率，使不同终端之间的数据传输更加快速且安全。

　　蓝牙支持点对点和点对多点的通信，最基本的网络组成是匹克网，也称为微微网，如图 2-34 所示[11]。匹克网实际上是一种个人区域网，即以个人区域为应用环境的网络架构。需要指出的是，匹克网并不能代替局域网，因为它只是用来代替或简化个人区域中的电缆连接。匹克网由主节点和从节点构成。其中，主设备单元负责提供时钟同步信号和跳频序列，而从设备单元一般是受控同步的设备单元，并接受主设备单元的控制。但应当注意的是，在一个匹克网中，所有设备都是级别相同的单元，具有相同的权限，所有设备单元均采用同一跳频序列，一个匹克网中一般只有一个主设备单元，而从设备单元可以多达七个。一个匹克网中的从设备还可作为另一个匹克网的主设备，以此方式进行网络拓展将几个匹克网连接在一起，称为散射网，散射网结构如图 2-35 所示。散射网中靠跳频序列识别每个匹克网。

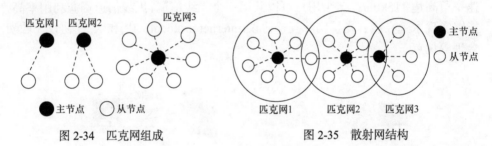

图 2-34　匹克网组成　　　　　　　　　图 2-35　散射网结构

　　蓝牙系统主要由无线射频部分和主控制器组成。其中，蓝牙模块的模拟电路部分即无线射频部分，对应数字电路部分的主控制器由蓝牙链路控制器(link controller, LC)、蓝牙链路管理器以及主终端等组成。蓝牙系统结构如图 2-36 所示。

图 2-36　蓝牙系统结构

　　蓝牙天线属于微型天线。蓝牙多用于移动便携设备，因此要求其天线部分体积小、重量轻。蓝牙空中接口是建立在天线电平为 0dBm 基础上的，蓝牙空中接口遵循美国联邦通信委员会(Federal Communication Commission, FCC)有关电平为 0dBm 的 ISM 频段的标准，由于采用了扩频技术，发射功率可达到 100mW。

蓝牙系统最大的跳频速率为 1600 跳/s，频率在 2.402～2.480GHz，采用 79 个间隔为 1MHz 的频点来实现。出于某些本地规定的考虑，日本、法国和西班牙都缩减了带宽，理想的连接范围为 0.1～10m，但是通过增大发射功率可以将距离延长至 100m。

蓝牙 LC 是执行一些低层常规协议的实体，可实现基带所有的功能，并支持蓝牙链路管理器，由硬件、软件和物理层协议构成，相应的硬件、软件负责处理蓝牙基带协议，也称为基带链路控制器。蓝牙 LC 提供纠错及连接过程中的验证与加密功能，其物理层协议采用三种纠错方案：①1/3 比例前向纠错(forward error correction，FEC)码——简单的三倍重复格式，每位信息与整个分组头都采用三位重复码；②2/3 比例前向纠错码，即每位被编码成 15 位代码字，15 位代码字能在各代码字中纠正所有奇数位错和检测所有偶数位错；③数据的自动请求重发 (automatic repeat request，ARQ)方案，该方案只用于分组的有效荷载上，分组头和话音有效荷载不受 ARQ 保护，在前一个时隙中传送的数据必须在下一个时隙得到成功接收的确认，只有数据在接收端通过检测后认为无错才向发送端发回确认消息，否则返回一个传输失败的消息。蓝牙主要有两种状态，待机状态是蓝牙设备的默认状态，此时为低功耗模式；另一种状态为连接状态。此外，还具有寻呼、寻呼扫描、查询、查询扫描等若干子状态。

蓝牙链路管理器(link manager)的作用由运行于蓝牙微程序控制单元 (microprogrammed control unit，MCU)上的软件实现，主要管理蓝牙设备之间的通信。其携带了链路的数据设置、鉴权、链路硬件配置和其他一些协议，能够发现其他远端，并通过链路管理协议进行通信，从而实现链路建立、鉴权、设置和其他功能。

(4) ZigBee 协议是 IEEE 802.15.4 协议的代名词，该协议专门提供在通信距离较小、通信能耗较低情况下的传输方案。

ZigBee 协议的特点可以简单概括为节能、低成本、低速率、低延迟、高安全性和大容量，目前该协议已广泛地应用于各个行业，能够兼容多种硬件。简而言之，ZigBee 技术是一种廉价、节能的短程无线组网通信技术。

ZigBee 网络中的设备根据工作特性分为协调器节点、路由器节点、终端节点。协调器节点是 ZigBee 网络的"大脑"，负责整个网络的管理工作，启动网络，保存邻接表和路由信息等，每个网络中只有一个协调器节点。路由器节点和协调器节点有些类似，但是路由器节点不能建立网络，主要用于在原点到终点之间找到一条最佳的信息传输路径。终端节点主要完成应用包的传输和允许其他节点加入或离开网络[12]。

ZigBee 的工作频率有三种标准：①868MHz 传输速率为 20kbit/s，适用于欧洲；②915MHz 传输速率为 40kbit/s，适用于美国；③2.4GHz 传输速率为 250kbit/s，全球通用。目前，国内都在使用 2.4GHz 的工作频率，其带宽为 5MHz，有 16 个信道，采用直接扩频方式的偏移四相相移键控(offset quadra phase shift keying, OQPSK)调制技术。单个 ZigBee 节点的通信距离往往在百米之内，特殊的高强度供能情况下，也可以提高至 3km。ZigBee 技术有着自身的优势和短板。

ZigBee 协议从下至上分别为物理层(physical layer，PHY)、介质访问控制(media access control，MAC)层、网络(network，NWK)层、应用程序支持子层(application support sublayer，APS)、应用层(application layer，APL)等。其中，PHY 和 MAC 层遵循 IEEE 802.15.4 标准的规定。ZigBee 协议分为两部分，IEEE 802.15.4 定义了 PHY 和 MAC 层技术规范；ZigBee 联盟定义了 NWK 层、APS、APL 技术规范。ZigBee 协议栈就是将各层定义的协议都集合在一起，以函数的形式实现，并给用户提供 APL，用户可以直接调用。ZigBee 无线网络协议层的架构如图 2-37 所示。

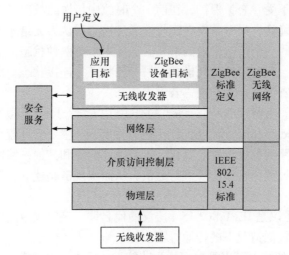

图 2-37　ZigBee 无线网络协议层的架构

从原理组成上来讲，一个基本的无线传感器系统的硬件组成如图 2-38 所示，其功能和构成分别如下。

① 控制单元(低功耗 MCU)：执行整个系统的控制和必要的计算功能。

② 传感器及 A/D 转换器：负责监测区域信息的采集和数据转换，需要根据所需测量的物理量和具体指标进行传感器选择。

③ RF 收发芯片：对射频信号进行处理，对于 ZigBee 系统，所选择的射频芯片必须符合 IEEE 802.15.4 标准。

④ 天线：负责接收和发送无线通信信号，可以采用印刷天线、陶瓷贴片天线和鞭状天线等。

⑤ 电源模块：负责为整个无线传感器系统提供电源，由于对系统体积及便携性有要求，通常采用微型电池等小型供电模块。

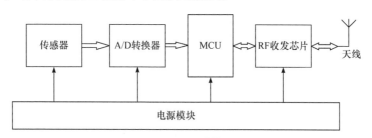

图 2-38　无线传感器系统的硬件组成

基于 ZigBee 技术的水下隧道结构健康监测系统的结构如图 2-39 所示。

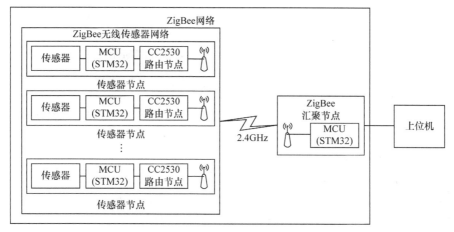

图 2-39　基于 ZigBee 技术的水下隧道结构健康监测系统的结构

ZigBee 技术具有如下优势。

① 功耗低。当节点处于低功耗模式工作时，两块常用的 AA 型电池就可以提供半年以上的能量。

② 成本低。单个 ZigBee 节点的成本极低，实际网络中的数量有限，因此总成本低。

③ 网络容量大。ZigBee 网络的节点容量高达 65000，节点组合的拓扑结构类型多样，能够有效地满足大规模网络的要求。

④ 安全性高，至今全球还没有发生一起破解先例。

ZigBee 技术具有如下不足。

① ZigBee 技术属于短距离无线技术，传输距离很短，只有 75m 到几百米，虽然支持无线扩展，但是成本会较高，而且会出现很多不必要的问题。

② IEEE 802.15.4 协议的开发就是为短距、低速的通信服务，相应 ZigBee 技术的数据传输速率通常只能达到 250kbit/s，因此 ZigBee 技术在视频和音频等高容量的信息行业受到了一定的限制。

目前，ZigBee 联盟的成员和爱好者正努力克服技术上的难题，并取得了一定的成效。

(5) 无线宽带技术是目前广泛应用的无线通信技术，英文简称为 Wi-Fi，能够与 3G 技术融合。

Wi-Fi 最初是作为 IEEE 802.11b 的代名词，后来开发的 IEEE 802.11g、IEEE 802.11n 等协议也统称为 Wi-Fi。Wi-Fi 设备工作在全球通用的 2.4GHz ISM 频段。目前在应用的协议标准主要有以下三种。

① IEEE 802.11b：工作频段为 2.4GHz，带宽为 83.5MHz，有 13 个信道，使用直接序列扩频(direct sequence spread spectrum，DSSS)技术，最大理论通信速率为 11Mbit/s。

② IEEE 802.11g：工作频段为 2.4GHz，带宽为 83.5MHz，有 13 个信道，使用正交频分复用(orthogonal frequency division multiplexing，OFDM)技术，最大理论通信速率为 54Mbit/s。

③ IEEE 802.11n：工作频段为 2.4GHz/5.0GHz，带宽为 83.5MHz/125MHz，有 13/5 个信道，使用多进多出(multiple-in multiple-out，MIMO)技术，最大理论通信速率为 300Mbit/s。

Wi-Fi 技术数据传输距离通常能够达到 200m，若有扩大的需要，则用户可以增加 Wi-Fi 设备的功率来提高通信距离，通过增加能耗的方法能够使 Wi-Fi 技术数据传输的有效距离达到 2km。Wi-Fi 技术有以下突出的优势。

① 传输范围大。Wi-Fi 技术的通信距离相对较大，且信号十分强，能够顾及范围内的各个角落。

② 传输速率高。Wi-Fi 技术的通信性能出色，网络内设备之间的数据传输速率能够达到 300Mbit/s，可以有效解决用户在使用无线网络时速度慢的问题。

③ 设备要求低。Wi-Fi 技术的通信基站并不复杂，能够方便地安置于各种场合，提供全方位的网络覆盖。

但 Wi-Fi 技术的明显弱点就是安全保密性一般。Wi-Fi 技术在数据传输的过程中仅采用了加密协议，缺乏有效的防破解技术，因此用户的信息容易被盗取。

3) 几种无线通信技术对比

由表 2-21 可以看出，三种无线通信技术的工作频段类似，具体性能有很大不同，其本身的定位也不同。从传输速率来看，Wi-Fi 技术适用于高速率的数据传输，蓝牙技术适用于低速率的数据传输，ZigBee 技术的传输速率远小于其他技术；从传输距离来看，蓝牙技术适用于短距离传输(10m 内)，而 Wi-Fi 技术适用于长距离传输(100m)，ZigBee 技术的传输距离介于两者之间，较为灵活，功耗低，可用的最大节点数量超过 65000，具有明显优势。在传输距离和网络规模方面，Wi-Fi 技术有很多优势，但其缺点是功耗大、系统资源开销大、协议较为复杂；GPRS 和 GSM 最大的优势是不受距离的限制；从安全性能考虑，三种技术都提供了相应的数据保护加密措施。

表 2-21　短距离无线通信技术比较

无线技术	蓝牙技术	Wi-Fi 技术	ZigBee 技术
对应标准	802.15.1	802.11b	802.15.4
工作频段	2.4GHz	2.4GHz	868/91MHz、2.4GHz
传输速率	1Mbit/s	11Mbit/s	0～250kbit/s
最大节点数	8	128	255
功耗	较大	大	极小
系统资源开销	>250KB	>1MB	4～32Kbit
网络规模	7	32	255/65000+
特点	低成本、方便	高速、灵活	低成本、低功耗、可靠性好
应用领域	电缆替代品	Web、email	测控

2.2.3　数据存储与管理系统

无论是地面隧道还是水下隧道，隧道结构的稳定性都是一个长期普遍存在的问题，为确保隧道的施工安全和营运安全，长期的结构安全监测是一种必要的手段，问题的关键是在监测过程中，采集的大量数据必须进行快速分析处理。

数据存储与管理系统需要对所采集的数据和分析结果进行入库存盘，并实行统一、方便的管理。该系统所包含的测点多，信号种类多，逐次采样时间长，因此需要处理和分析的数据量很大。为了解决以上问题，必须采取高效、快速、方便、自动化的数据管理方法，确保系统能够正确反映各个测点数据之间的联系，为分析水下隧道受力状态的变化规律提供全面、准确、可靠的数据。过去对数据的管理主要有两种方式：①将所得到的数据和分析结果采用打印方式直接输出，然后归档保存，采用手工方式管理数据；②将所得到的数据和分析结果保存在文件系统中，采用文件方式管理数据。这两种管理方式从数据管理的角度来看都有其自身的缺陷和局限性，手工方式无法处理大量的数据，速度慢、易出错、效率极低。虽然文件方式比手工方式有了很大的改进，但依然存在如安全性差、数据冗余度大、数据无法集中管理、通用性差等问题。

随着计算机技术的飞速发展，数据库技术已经非常成熟，因此通过对数据库的研究来开发水下隧道结构健康监测系统，可为分析和评价水下隧道结构健康状态提供更快捷、更便利、更友好的工作界面，进一步完善水下隧道结构健康监测系统的功能。将隧道施工阶段和营运阶段中监测断面结构变化产生的数据进行存储与管理，以供今后调查研究。

1. 数据库设计原则

数据库是以一定的组织方式组织在一起的相关数据的集合。关系型数据库管理系统(database management system，DBMS)将数据存储在数据库表中。数据库表以行和列组织数据，每一行称为一条记录，每一列称为一个字段。由于水下隧道结构健康监测系统中需要采集的测点多，传感器类型较多，如应变计、温度计、湿度计、振动位移计等，必须将数据采集模块采集的数据流组织转化为数据库表和表中的记录，以及记录中的字段，构建数据结构合理的数据库系统，这将直接影响健康监测与安全评估系统的整体性能。根据水下隧道的特点，数据库系统设计应满足以下要求：

(1) 保证系统各类数据可以快速、安全地交换；

(2) 支持复杂的数据结构、多用户、多进程处理、大容量运算等；

(3) 数据库系统的权限控制应符合国际主流安全标准要求，通过内部安全权限来设置对象和数据的访问权限；

(4) 可通过网关、可编程接口或开放数据库互连(open database connectivity，ODBC)等提供与多种数据库连接的能力；

(5) 支持主流的网络协议；

(6) 具有良好的开放性，支持异种数据库的互访等。

数据库的一般设计步骤如图 2-40 所示，包括需求分析、概念结构设计、逻辑结构设计、物理结构设计、数据库实施和数据库的运行与维护等关键步骤，具体内容如下。

1) 需求分析

详细调查分析需要处理的对象，充分了解系统的工作情况，明确用户的各项需求，然后确定系统功能。调查隧道施工单位和监理单位在施工中对隧道拱顶沉降和周边收敛检测时记录的各项数据及数据格式，并收集各类记录表单，分析记录表单格式，获取用户对数据库的信息要求。

2) 概念结构设计

设计概念结构的方法通常有以下四类：

(1) 自上而下，即先定义全局概念结构框架，依次向下逐步细化；

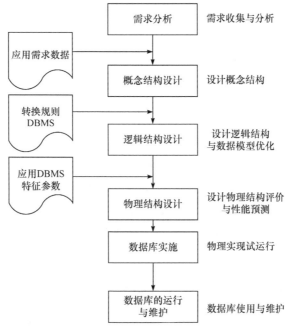

图 2-40　数据库的一般设计步骤

(2) 自下而上，即先定义各个局部应用的概念，然后整合汇总，指定全局概念结构；

(3) 逐步扩张，即先定义最重要的概念结构，再向外扩充，逐步生产其他概念结构；

(4) 混合制定，即结合自上而下和自下而上的方法，首先设计全局概念结构的框架，以供自上而下设计出局部的概念结构，自上而下进行需求分析，自下而上设计概念结构。

3) 逻辑结构设计

将设计好的概念结构转化为特定的数据库管理系统所支持的数据模型。这一设计通常分为三步：①将制定出的概念结构转换为一般的关系模型，即网状模型和层次模型；②把转换好的关系模型转换成支持的数据模型；③优化数据模型。

4) 物理结构设计

物理结构设计是为已设计好的逻辑数据模型选取一个合适的应用环境物理结构，包括存储结构和存取方法，通常分为两步：①确定数据库的物理结构，即存取方法和存储结构；②评价物理结构的时间和空间效率。

5) 数据库实施和数据库的运行与维护

根据以上设计出来的结果建立数据库，编写和调试应用程序，添加数据入库，并调试运行，若有问题，则应进行调试。

2. 数据库系统组成

水下隧道结构健康监测通常涉及的数据类型可分为四类：隧道物理和状态信息、传感器布置信息、传感器参数、数据采集记录。这样分类的优点是条理清晰、便于管理。软件设计时，在数据库中对每一种数据类型建立一个表进行分类存储。

以上四种数据类型依次对应的存储表格分别是断面参数表、传感器布置表、传感器参数表和采集记录表。

除了上述四种存储表格，还需要建立工程项目表、用户信息表、通信录表，以便达到对项目信息、用户信息以及短信号码进行管理的目的。工程项目表里每一个项目实际上对应着上述四个表格。用户信息表用于管理每一个项目所对应的相关用户，如业主、监理、施工单位以及监测单位。通信录表用来管理短信号码，这些号码对应业主、监理、施工单位等需要知悉隧道监测情况的人员。

3. 数据管理

在隧道结构的自动化安全监测中，随着监测历史的不断延长，所获得的监测数据和相关工程资料也不断增加。面对海量的监测数据，必须通过高效实用的综合信息管理系统进行处理分析，以达到提高系统运行效率、加强数据挖掘深度以及提高安全预警的及时性和有效性等目的。

数据库作为隧道特殊点位结构监控系统的数据存储部分，数据库的性能制约着整个系统操作的便利性，因此在选择系统数据库时，应尽量考虑系统的存储容量、操作的实时性、网络的兼容性等特性。

采样结束后，系统应立即对本次采样的数据进行必要的分析和处理，并定时进行一次全面的数据分析和预处理，以便确定各测次的数据是否应该保存，达到压缩或减少数据库的库存数据量的目的。对原始数据流的预处理原则是：

(1) 尽可能多地保存对结构健康评价有用的原始数据；

(2) 删除无用的或对结构健康评价意义不大的原始数据，最大限度地压缩或减少库存数据量；

(3) 保存所有测次各个测点原始数据的统计特征数。

对于发生"突变"的异常数据以及变化趋势与常见情况相反的异常数据，应采取的处理措施如下。

(1) 在发现某一监测点的数据出现异常后，首先要及时复查或复测这一监测点本身，查明数据呈现异常的原因。监测点被破坏与监测人员读数错误导致出现的异常数据都应剔除。

(2) 若出现异常数据的监测点经复查复测后没有发现问题，则应综合分析同一测试部位的其他项目的监测结果，如邻近位置测点的监测结果、现场的地质情况与施工情况等，找出数据呈现异常的原因。若确定数据呈现异常是由隧道的受力变形发生异常变化引起的，则这类异常数据不仅不能剔除，还要加密监测，特别是确定隧道的变形急剧增大达到报警值后，要立即采取防范措施[13]。

(3) 对于一些新型水下隧道，如利用水下浅埋钻爆法修建的交通隧道，在各种复杂因素的共同影响下，其监测数据的变化趋势在某些情况下可能与常见的变化趋势相反。

当用户要求实时了解各测点的监测情况时，可以通过网络与监测计算机连接，直接了解监测系统各测点的工作状况。数据处理的内容和方法既可预先设定，也可在监测过程中通过远程设置。

采集的原始数据经过数据预处理，提取出每次采样过程中获取的数据流统计特征数，如每次数据流中的最大值、最小值以及数据流开始的时间和结束的时间等，另存为相似的数据库表，并确定某测次的原始数据是否应该保存或删除。

4. 数据分析和处理

数据分析主要是基于实时监控系统的监测数据，一方面通过对监测数据分时间、分类型进行分析处理，另一方面提供海量的监测数据，为基于遗传算法、神经网络推演等技术的运用提供数据支持。

如何合理、快速、简捷地处理和应用监测数据，对指导施工、优化设计和促进水下隧道结构理论分析具有重大意义，也是促进水下隧道施工和运营阶段实时监控工作开展的重要力量。

由于测量误差的影响，现场测量所得的原始数据不可避免地具有一定的离散性。按实际测量数据所绘制的应变、压力等物理量随时间或空间变化的散点图上下波动，极不规则，难以用来分析。因此，需要采用数学分析处理的方法，将实际测得的数据整理成试验曲线或经验公式。水下隧道的实际测量数据通过数学处理后，可以达到以下目的：

(1) 通过将同一测量断面的各种实际测量数据进行分析对比、相互印证，确认测量结果的可靠性；

(2) 掌握围岩变形或支护系统的受力随时间的变化规律、空间分布规律，判定围岩和支护系统是否为稳定状态。

数据处理分析有多种方法。回归分析是目前测量数据处理的主要方法，通过对测量数据分析可以预测最终值和各阶段的变化速度。

水下隧道围岩结构的变形、应力应变等变化规律一般是随时间先上升，再逐渐趋于平稳，最后基本保持不变。对于这种变化规律常用的回归模型函数有双曲线函数、幂函数、倒指数函数以及对数函数。一元线性函数的代数式最简单，很容易就能看出位移与时间呈正相关或者负相关的关系，并且斜率是固定的，即位移变化速率是不变的。隧道围岩位移若用一元线性函数进行回归分析，则位移是随着时间的变化逐渐增大的，这在围岩变形的初期阶段基本符合实际情况，但随着围岩变形逐步稳定，一元线性函数的误差会越来越明显，因此一般情况下不会选用一元线性函数进行回归分析。双曲线函数和指数函数在回归分析中也常用到一元线性函数，在特殊的围岩变形情况下，采用双曲线函数和倒指数函数来拟合可以达到很高的精度。

在实际监测中还发现有 S 形曲线函数、倒幂函数、倒对数函数，甚至指数函数(常见于即将发生坍塌时)的情况。因此，要分析数据规律，就应当采用以上所有模型进行拟合，然后根据一定的准则确定最优回归曲线。回归分析的方法与步骤如下。

(1) 在以时间为横坐标、位移为纵坐标的坐标系中，标出由测量值确定的各对应的实测点，即得散点图。

(2) 根据实测点绘制出光滑的试验曲线，该曲线一般不可能通过所有实测点，但应注意使曲线尽量接近所有实测点，并使实测点分布在试验曲线的两侧。

(3) 根据所绘制的试验曲线形状选择回归函数。一般来说，位移时态曲线都是非线性的。在位移随时间渐趋稳定的情况下，可选择常用的对数函数、指数函数或双曲线函数。函数中的系数可以按测量数据，通过最小二乘法求得。

总之，在进行回归分析时，具体的模型选择应该依据位移时态曲线的形状来判定，难以选择合适的模型时，可以先尝试对多种模型进行拟合比较，然后选择决定拟合系数最大和预测误差最小的数学模型，再对其进行显著性检验，若通过，则为最优数学模型。

最后将监测系统需要分析和处理的大量数据通过分类组织成二维数据表的形式，使数据结构简单、清晰。在关系型数据库管理技术的基础上，借助各种开发工具开发相应的智能软件，从而实现数据分析和处理、数据查询的自动化，并能方便地将数据发布到网上，供本地和远程授权用户方便共享采集的数据，真正实现远程数据采集系统无人值守。

2.3　水下隧道结构健康监测软件平台的开发

水下隧道结构健康监测软件平台的开发具有平台规模大、内容范围广、开发难度高等特点，因此在建立平台时需要全盘考虑、统筹规划、先简后繁、先易后难，在探索应用中不断完善提高。另外，对于水下隧道结构健康监测软件平台的开发，要在现有常规分析方法和成熟软件技术的基础上，进一步开发新的分析方法；在诊断信息采集通信方面，应实现率先采集传输健康监测最重要、最直观的指标。同时，由于水下隧道结构健康监测软件平台是一个复杂的系统平台，还需要各方面的配合、协作。水下隧道结构健康监测软件平台要遵守以下开发原则：①实用性强；②信息的实时性与数据的准确性高；③先进性与科学性高；④安全性好；⑤具有易扩展性与可维护性。

2.3.1　软件平台功能

隧道结构安全预警与综合评估系统对自动化监测和人工巡测得到的数据进行统一处理和分析，依据建立的多层次评价指标体系，对隧道结构进行安全性评估，对异常状况进行诊断并预警。软件部分一般包括中心数据库子系统、结构安全预警与综合评价子系统和用户界面子系统三个部分。

中心数据库子系统一般用专业的数据采集软件和数据库软件相互配合，高效地完成监测数据的归档、存储和查询；结构安全预警与综合评估子系统通过服务器端的数据分析管理软件实现监测数据的统一处理分析、隧道结构异常自动预警预报和评价结构安全状态；用户界面子系统则是数据展示管理软件按需求将各种数据在网页端实时向用户展示，供隧道管理人员日常管理和维护。

整个软件平台最终实现如下功能：

(1) 综合分析自动化监测及人工巡测结果，判断结构的安全状态；

(2) 诊断和识别异常状态，判断异常发生的位置和程度，以及异常的原因，根据自动化监测及人工巡测物理量变异程度进行预警；

(3) 建立隧道整体安全状况评价指标体系，评估隧道的整体工作状态，并给出相应的维护管养建议；

(4) 自动生成分析报告，该报告面向多级管理人员。

水下隧道结构的工作环境复杂，在隧道结构安全状态诊断时，应综合考虑多种因素对隧道结构安全状态的影响。

2.3.2　健康安全评估方法

水下隧道结构健康监测系统中，隧道结构安全预警与综合评估系统对自动化监测和人工巡测得到的数据进行统一处理和分析，依据建立的多层次评价指标体系，对隧道结构进行安全性评估，对异常状况进行诊断并预警。

健康状态评估模块主要包括对隧道结构的定期健康状态评估、对监测指标和整体状态的趋势分析预测。定期健康状态评估是在水下隧道营运一段较长时间(一年)或水下隧道结构遇到较大意外伤害(包括汽车事故、地震等恶劣环境作用)时才启动的结构状况综合评估体系，该体系集系统采集数据的统计分析、结构模型的静力修正、系统权值的参数调整、结构损伤和关键部位剩余寿命评估于一体，有较好的专家和高级管理者人机交互的平台。而趋势分析预测是通过对水下隧道营运历史数据和信息进行分析和统计后，对监测指标和整体状态进行趋势预测。根据以上的评估思路，建立整个水下隧道的健康状态诊断预警体系模型，主要步骤包括评估模型的建立、评估指标权重的建立以及健康状态评价等级。

1. 评估模型的建立

水下隧道结构的工作条件十分复杂，其健康状态反映在诸多方面，因此在水下隧道健康状态诊断时，应该综合考虑多种因素对水下隧道健康状态的影响。综合评价的一般原理和步骤是：①以水下隧道健康状态的诊断结果为评价目标，先对水下隧道健康状态的影响因素进行深入分析，确定水下隧道健康状态的诊断指标，以此为基础，合理地构造水下隧道健康状态评价指标体系，使待解决问题层次化；②根据组成指标体系的各诊断指标的特性，建立各诊断指标的判定标准，以实现对各诊断指标的判定；③根据水下隧道健康状态诊断的特点，采用一定的方法，确定各诊断指标的权重；④根据上述层次化的指标体系和指标判定标准，采用一定的评估模型，以实现对水下隧道健康状态进行定量诊断的目的[14](图 2-41)。对隧道健康状态诊断的研究可以分为诊断指标体系、诊断指标的判定标准、指标权重、评估模型等几个方面。因此，首先必须建立起一套比较完整的、科学合理的诊断指标体系。

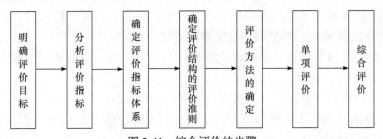

图 2-41　综合评价的步骤

评估模型按评估对象的层次建立，评估对象按隧道结构监测范围划分，分为结构应力评估、结构变形评估、结构荷载评估及环境影响评估。每个监测主项又可划分为若干监测子项，各个监测子项的属性即评估指标，该指标可以是文字描述，也可以是量化的数据。同时，建立的评估模型应该包含所有在隧道上进行在线监测的全部评估指标。隧道健康状况评估模型如图 2-42 所示。

目前，国内外对隧道衬砌病害的评估主要先通过对病害进行检测，再利用数值计算、理论模型等方法对其承载力、稳定性、裂损状况、耐久性等进行模拟。

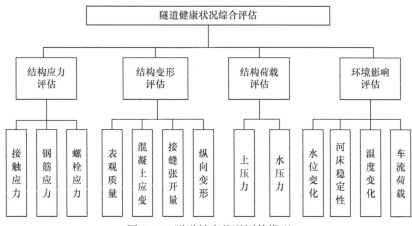

图 2-42 隧道健康状况评估模型

但以上计算方法一般仅限于单一病害的评估，为了全面分析不同病害作用下隧道的安全状态，可应用灰色理论、层次分析法、模糊数学等对隧道病害数据进行深入的统计、分析，以建立定量化的隧道病害分级方法，下面主要介绍灰色理论和层次分析法。

1) 灰色理论

灰色理论是一门研究信息部分清楚，部分不清楚，并带有不确定性现象的应用数学学科。水下隧道结构健康的影响因素有很多，其所处的环境条件、工程地质条件、施工条件以及运营管理环节等都具有很大的不确定性，具有灰色系统的特征，因此可以利用灰色理论来进行研究。

例如，隧道衬砌结构裂缝产生时效变形的外界因素是衬砌所受围压的变化及环境温度的变化。隧道衬砌结构裂缝的时效变形反映了裂缝的稳定状态，当裂缝的时效变形突然增大或出现急剧变化时，表示裂缝发生了失稳，因此可以通过分析衬砌结构裂缝特征参数时效分量的变化规律来研究裂缝的稳定状态。衬砌结构裂缝特征参数的时效分量随时间的变化呈现出一定的规律性变化，可以将衬砌结构裂缝特征参量的监测值看成具有一定趋势性变化或单调变化的数据序列，而灰色理论为研究这样的数据序列提供了理论基础，它把影响衬砌结构裂缝变化的随机变量视为在一定范围内变化的灰色量，通过对原始数据的重新生成，将没有规律或规律性较差的原始数据时间序列通过累加处理变成具有较强规律性的新数列，据此建立灰色模型，并基于微分方程来反映新数列，通过解微分方程获取因变量和自变量的依存关系。

因此，灰色理论为通过隧道衬砌结构裂缝现场监测数据，研究隧道衬砌结构裂缝稳定性提供了一种研究方法。

2) 层次分析法

采用层次分析法建立水下隧道三层次病害评价指标体系如图 2-43 所示。其中："①"代表"评价指标"，为可通过监测和检测等技术手段获取的指标参数；"②"代表"评价项目"，为具体指标可以划分为一类的项目；"③"代表"病害种类"，是以一定的准则对隧道病害情况进行分类的门类；"④"代表"区段情况"，是隧道结构安全状况的整体评价结果。

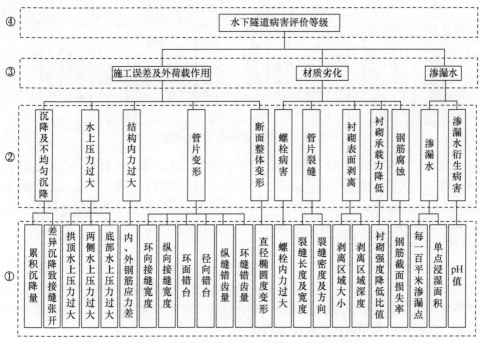

图 2-43　水下隧道三层次病害评价指标体系

2. 评估指标权重的建立

隧道健康状态诊断指标体系是一个多项目、多层次的复杂系统，每个层次又由多个诊断指标组成。要对隧道结构健康状态进行综合诊断，需要对各层中诊断指标的诊断结果进行综合。每层诊断指标在隧道健康状态诊断指标体系中的地位和作用不同，从而使得它们对整个隧道健康状态诊断结果的贡献也不同。因此，应采用适当的方法分别确定同一层次中各指标在隧道健康状态诊断指标体系中相对于上层指标的"相对重要性"，即权重，然后将各层指标的权重与诊断结果综合考虑，才能得出上层指标合理的诊断结果，如此逐步综合直至得到隧道健康状态的诊断结果。

作为隧道结构安全性评价的关键内容，其指标的权重分配是否合理将直接影响隧道结构安全性评价结果的准确性和科学性。当前，主观赋权法与客观赋权法是两大主要确立权重的方法。其中，主观赋权法也称为专家赋权法，即专家等主观评价者通过一定的方法对各指标因素进行打分，从而达到对各指标权重赋权的目的，该方法的缺点是具有较强的主观随意性，客观性不好，受主观决策者的影响较大；客观赋权法是通过提炼与分析各评价指标因素的数据集本身所涵盖的客观信息，从中寻找规律，以确定指标的权重，如主成分分析法、人工神经网络法，但其过度依赖于足够的样本数据，通用性和可参与性差，计算方法较为复杂，并且不能体现评价者对不同属性指标因素的主观重视程度，有时所确定的权重会与指标因素自身属性的实际重要程度相差过大。

1) 主观赋权法

主观赋权法主要有层次分析法、Delphi 专家调查法等，常用的是 Delphi 专家调查法。

Delphi 专家调查法是采取匿名的方式广泛征求专家的意见，经过反复多次的信息交流和反馈修正，使专家的意见逐步趋向一致，最后根据专家的综合意见，对评价对象做出评价的一种定量与定性相结合的预测、评价方法，其步骤如下。

(1) 编制专家咨询表，即按评价内容的层次、评价指标的定义、必需的填表说明，绘制咨询表。

(2) 分轮咨询，即根据咨询表对每位专家至少进行两轮反馈，并针对反馈结果组织小组讨论，确定调查内容的结构。经过有控制的 2～4 轮咨询后将每轮的专家意见汇总。

(3) 结果处理，即应用常规的统计分析方法，分析专家对该项目研究的关心程度(回收率)、专家意见的集中程度和协调程度等来筛选指标或描述指标的重要程度(权重)。

2) 客观赋权法

客观赋权法主要有三类:熵权法、标准离差法、CRITIC(criteria importance though intercrieria correlation)方法，这里主要介绍熵权法。熵权法能够非常好地测量"不确定性"问题，该方法的本质是充分利用指标因素的信息效用值，信息效用值越高，说明对评价的重要性越大，能避免权重赋予时的主观性，因此这里主要介绍采用熵权法计算指标因素的权重，计算步骤如下。

首先确定已有的指标决策矩阵 $A = (d_{kj})_{m \times n}$。其次用式(2-17)来计算确定 p_{kj}，根据信息论使用式(2-18)可以得到指标 B_j 的信息熵为 H_j，当每种状态出现的概率 $p_{kj} = 0$ 时，规定 $p_{kj} \ln p_{kj} = 0$。指标 B_j 的客观赋值权重 ω_j 可以用式(2-19)计算得出，最后将 n 个指标的客观权重用向量表示为 $\omega = (\omega_1, \omega_2, \cdots, \omega_n)^{\mathrm{T}}$。

$$p_{kj} = \frac{d_{kj}}{\sum\limits_{k=1}^{m} d_{kj}}, \quad k = 1, 2, \cdots, m, \quad j = 1, 2, \cdots, n \qquad (2\text{-}17)$$

$$H_j = -\frac{1}{\ln m}\sum_{k=1}^{m} p_{kj} \ln p_{kj}, \quad k=1,2,\cdots,m, \quad j=1,2,\cdots,n \tag{2-18}$$

$$\omega_j = -\frac{1-H_j}{\sum_{j=1}^{n}\left(1-H_j\right)}, \quad j=1,2,\cdots,n \tag{2-19}$$

3. 健康状态评价等级

依据隧道结构安全性评价及健康状况评估分析，确定隧道健康等级(表 2-22)。

A：结构无破损、轻微破损，对策为进一步监测；

B：结构存在破坏，对策为向主管部门汇报，准备采取对策；

C：结构存在较严重破坏，对策为立即向主管部门汇报，尽快采取对策；

D：结构存在严重破坏，对策为立即向主管部门汇报，立即采取对策。

表 2-22　隧道健康等级表

等级	健康状态	健康值 F
A	结构无破损或存在轻微破损	4.0>F>3.5
B	结构存在破坏	3.5>F>2.5
C	结构存在较严重破坏	2.5>F>1.5
D	结构存在严重破坏	1.5>F>1.0

在如实向主管部门汇报隧道结构安全状况后，研究确定隧道存在的安全隐患及产生隐患的根源，从而确定合理的应对措施，确保隧道运行安全。结构存在严重破坏的情况下，组织专家组进行讨论，形成相应意见递交给主管部门，为启动隧道应急预案提供依据。

2.3.3　预警、报警方法

预警是指对某一警素的现状和未来进行测度，预报不正常状态的时空范围或危害程度以及提出防范措施。通过对隧道运营期间出现的劣化现象进行在线实时监控诊断预警，减少在隧道管理上人力、物力、资源的浪费，并根据诊断预警结果制定出相应的隧道劣化趋势防治措施，让隧道管理者和隧道专家能够及时准确了解隧道的安全状况，同时将影响隧道运营安全的劣化现象解决在孕育期，从而提高隧道的安全指标。

1. 健康监测预警特点

水下隧道结构健康监测预警具有如下特点。

1) 水下隧道结构健康监测软件平台专业性比较强

水下隧道结构健康监测软件平台是专门为诊断隧道健康状态而开发的一套系统，采用的理论和方法都比较专业化，对各项诊断预警指标内容及数据需要采用专业知识及参照专业标准规范进行计算处理，以确保其准确性、科学性与专业性。

2) 涉及多学科知识领域

计算机技术和网络通信技术的快速发展，对水下隧道结构健康监测的实时性、可靠性也提出了更高的要求。走向智能化和网络化是水下隧道结构健康监测预警适应时代发展的必然趋势。着眼于水下隧道结构健康监测的实际状况，将计算机技术、网络技术、人工智能技术及信息集成化技术等运用在水下隧道结构健康监测预警领域，开发水下隧道结构健康监测软件平台。

3) 实现远程在线实时监测、健康监测预警

为了提高水下隧道结构健康监测平台的利用性能和安全要求，监测数据需要在线实时传输，这样既可以保证大量监测数据的完整性，又可以保证随时间推移监测信息的实时性，同时也真正实现了隧道管理"无人值班，少人值守"的管理理念，节约了人力、物力资源。

2. 安全预警报警功能设计

当监测信息发生异常变化时，系统能够自动及时预警，并提醒值班人员进一步分析原因，通过专业核实检查，确实出现危险状况时发出报警，以采取紧急措施保证安全。水下隧道结构健康监测系统的安全预警报警功能要基于隧道健康状况分级评估的结果，根据不同的状况采取相应的预警或报警措施。

安全预警是实现水下隧道结构健康安全监控的重要手段，根据预先设定的报警条件和规则，实现对水下隧道监测终端和监控中心的联动报警功能。安全预警提供了多样性的报警方式，包括自动声光报警、信息系统弹出窗口方式报警、手机短信群发报警等。

水下隧道结构健康监测预警的功能主要包括四部分：水下隧道监测资料预处理、水下隧道结构健康诊断、水下隧道远程预警、水下隧道信息管理。诊断预警功能结构如图 2-44 所示。

1) 水下隧道结构健康监测预警的功能

(1) 水下隧道监测资料预处理。

水下隧道监测资料预处理主要包括三个方面的内容：水下隧道数据传输、监测资料入库、监测资料整编。

水下隧道数据传输：水下隧道结构健康监测数据采集采用自动采集方式，数据传输方式为远程传输；传输内容为隧道内布设的各种监测设备自动采集到的隧

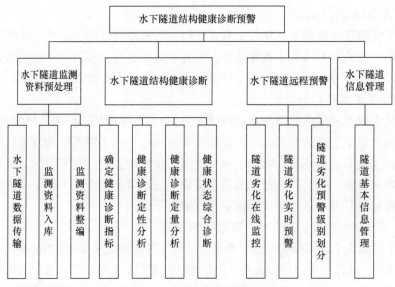

图 2-44　诊断预警功能结构图

道劣化数据和图片等资料。要求数据传输技术能将采集到的监测资料实时、准确、高效地传送到水下隧道结构健康监测软件平台中心,确保能够及时、准确地掌握隧道的健康状况。

监测资料入库:水下隧道结构健康监测软件平台中心接收从现场传来的隧道劣化监测信息,同时将接收到的信息存储到水下隧道结构健康监测软件平台数据库中;然后验证这些信息,对验证准确、有效的信息根据设定条件进行分类统计,最后将这些监测信息交给水下隧道结构健康监测软件平台中心原始数据库管理。

监测资料整编:主要是检验隧道监测内容是否完整、准确,隧道劣化监测值精度是否在所要求的规定范围之内等。对于验证合格的监测信息,依据一定的方法进一步完成整编工作,然后导入水下隧道结构健康监测软件平台数据库中,以便各子系统调用。

(2) 水下隧道结构健康诊断。

水下隧道结构健康监测既是建立诊断预警系统平台的前提,也是进行隧道管理的主要环节;根据诊断指标,对其状态进行基于模糊神经网络的健康综合诊断,为进一步预警隧道劣化趋势和提出解决方案做好铺垫。一般水下隧道结构健康监测步骤如下。

确定健康诊断指标:隧道运营期间的诊断预警指标主要为漏水程度 C_1、裂缝的长度和宽度 C_2、裂缝形状与剥落 C_3、裂缝错位 C_4、位移速度 C_5、侵入界限 C_6、压溃范围 C_7、剥落厚度 C_8、腐蚀厚度 C_9、连续裂纹长度 C_{10}、基床软化程度 C_{11}、翻浆程度 C_{12} 等。诊断预警指标的确定是实现水下隧道结构健康监测的重要环节之一。

健康诊断定性分析：水下隧道健康监测子系统利用定性分析方法对收集到的隧道劣化监测信息资料进行分析，以确定各监测项目中被监测内容的变化规律、稳定性及发展趋势。其功能为分析隧道劣化随时间、空间及外力作用时的变化规律及趋势；分析隧道不同劣化之间的相互作用引起的变化趋势。

健康诊断定量分析：对水下隧道各项监测资料数据进行正向分析、反向推算、结果反馈，主要内容包括通过对水下隧道监测资料的正向分析，建立诊断预警模型，以监测水下隧道运营期间的健康情况；以正向分析的结果为依据，通过一定的理论分析，反向推算水下隧道衬砌材料参数及隧道结构特性；将正向分析和反向推算的结果综合运用，找出隧道劣化规律，并将其反馈到水下隧道的设计、施工及运营过程中，为进一步完善现行设计、施工、运营规范提供依据，以达到设计最优化、施工质量化、运行安全化的目的。

健康状态综合诊断：水下隧道工程系统的复杂性决定了单一的诊断方法不能满足诊断需要，因此水下隧道结构健康监测子系统采用模糊神经网络的方法对监测资料进行诊断，以实现对水下隧道结构健康状况质与量的综合诊断，保证水下隧道的安全运行，充分发挥隧道工程效益。

(3) 水下隧道远程预警。

水下隧道远程预警主要包括三部分：隧道劣化在线监控、隧道劣化实时预警、隧道劣化预警级别划分。

水下隧道远程预警是基于水下隧道健康状况劣化综合诊断的基础之上的，对可能影响水下隧道正常运行的劣化现象做出预警，并利用计算机网络、手机短信等技术将可能出现或已出现的隧道劣化警情迅速、准确、远程地传输给水下隧道管理人员或隧道专家，使其能够及早地根据警情的状况制订相应的处理方案，以保障水下隧道在运行期间的安全性和可靠性。同时，水下隧道远程预警所需要的硬件设备及软件运行都应有很高的安全性和可靠性。

(4) 水下隧道信息管理。

水下隧道信息管理主要为隧道基本信息管理，其主要包括监测仪器类型、监测断面、监测项目、监测点、隧道工程档案等各种信息的管理。

2) 传统水下隧道结构健康监测预警的结构

根据水下隧道结构健康监测软件平台的功能与组成结构，基于水下隧道结构健康监测软件平台开发原则，围绕水下隧道健康监测预警目标，构建传统水下隧道结构健康监测软件平台，其结构如图 2-45 所示。传统水下隧道结构健康监测软件平台结构主要由四部分组成：

(1) 隧道管理者或隧道专家可以通过人机接口进入水下隧道结构健康监测软

件平台中的信息管理层界面，对里面的隧道信息进行管理；

(2) 隧道现场监测资料通过信息远程传输到水下隧道结构健康监测软件平台中心，然后水下隧道结构健康监测软件平台对远程传输的数据进行预处理，利用已经确定的隧道健康诊断方法、健康监测预警指标和诊断等级对隧道监测资料进行诊断分析，以判断隧道是否健康；

(3) 诊断完成后，若所得信息对隧道健康影响不在报警范围内，则不需要进入报警子系统进行报警，若诊断结果超出预警值，则自动转入报警子系统；

(4) 报警子系统对所需要报警的信息进行警源识别、警情分析，然后通过手机短信、email、自动电话等将诊断信息及时地传给相关人员，相关人员通过对这些信息做出判断，采取补救措施。

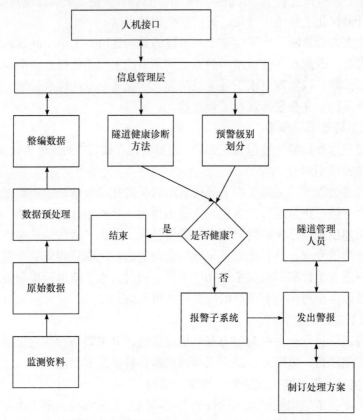

图 2-45　传统水下隧道结构健康监测软件平台结构

3) 新型水下隧道结构健康监测预警的结构

传统水下隧道结构健康监测预警的结构采用客户端/服务器(client/server, C/S)模式，在该模式中，隧道现场主机作为客户端远程发送数据，水下隧道结构健康监测软件平台中心作为服务器接收数据、处理数据，并提供人机接口，隧道管理者需要在水下隧道结构健康监测软件平台中心机房通过人机接口管理隧道信息。而新型水下隧道结构健康监测预警的结构采用客户端/服务器模式+浏览器/服务器(browser/server，B/S)模式，在该组合模式中，数据的采集依然采用 C/S 模式，而人机接口部分采用 B/S 模式。B/S 结构是 Web 兴起后的一种网络结构模式，Web 浏览器是客户端最主要的应用软件，这种模式统一了客户端，将系统功能实现的核心部分集中到服务器上，简化了系统的开发、维护和使用。客户端上只要安装一个浏览器，如 Google Chrome 或 Internet Explorer，服务器安装 Apache(HTTP 服务器)、MySQL(数据库软件)和 PHP(或 Python)等。浏览器通过 Web Server 同服务器进行交互，获取数据库内的传感数据。新型水下隧道结构健康监测软件平台结构如图 2-46 所示。

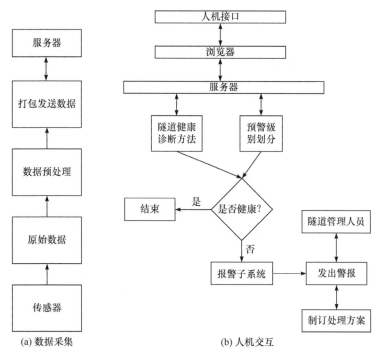

图 2-46　新型水下隧道结构健康监测软件平台结构

　　在数据采集端，隧道现场的主机定时发送数据到服务器，服务器可以更新客户端的发送数据周期及其他参数。在人机交互端，隧道管理人员可以通过服务器的域名，使用浏览器远程登录水下隧道结构健康监测软件平台进行信息管理，系统功能包括查看电子地图、查看与编辑实时数据、查看与编辑历史数据、查看与编辑传感器信息、导出监测数据等。典型的新型水下隧道结构健康监测软件平台的系统拓扑结构如图 2-47 所示。

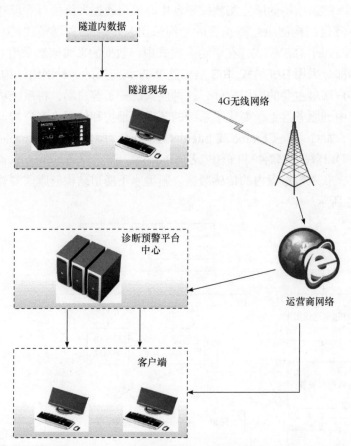

图 2-47　典型的新型水下隧道结构健康监测软件平台的系统拓扑结构

　　隧道现场客户端采集到的传感数据通过 4G 无线网络发送到服务器，服务器运行的后台程序对收到的数据进行处理并写入数据库；隧道管理员可以使用有线网络或无线网络，通过服务器的域名远程登录水下隧道结构健康监测软件平台，用户通过 Web 浏览器访问服务器 Web Server 程序，Web Server 程序读取数据库数据，并以网页形式展示给隧道管理员。

　　4) 实时监测信息的报警系统

　　阈值报警系统是嵌入在各监测指标的实时监测界面中的，以便管理人员在监测时系统能自动根据实时监测的数据进行判断是否超出阈值而报警。对于水位、温度、车流量等环境指标，采用直接识别报警方式，即直接根据设置的超限阈值，判断实时监测数据是否超限，若超限，则报警，并触发紧急事件措施，监测数据存入数据库，以便进行隧道健康状态的影响评估。

由车辆荷载、地震、环境等引起的隧道结构响应，对隧道的健康状态进行识别，属于结构分析上的"分析问题"范畴，以现有的研究理论水平解决这样的"分析问题"，还有相当大的困难。采用基于有限元模型修正方法进行问题的正分析，分析识别报警方法是通过营运初期传感器监测隧道结构反映的有限点数据，对隧道结构模型进行修正，并进行动态特性、静态特性分析，从而根据结构计算分析的结果和长期测试数据的规律性分析设置相应的响应阈值，然后与实时监测值进行比较，自动判别是否触发报警和进行紧急处理，若超限，则实施报警，处理措施同直接识别报警。

针对需要分析识别的预警、报警项目，结合水下隧道主要监测部件，通常在实施中对应力、变形等实行三级报警制度。

(1) 第一级为"绿色区"，"绿色区"的应力、变形的阈值为报警控制值的1/2(最终值是由设计、监控、计算和相关专家讨论确定的)。

(2) 第二级为"橙色区"。"橙色区"的应力、变形的阈值为报警控制值的2/3。应力、变形等监测点中部分达到这一水平后，系统自动在监控中心操作平台上提示报警，并有专门的报警铃声，达到该区域后，除了启动所有监测、监控系统开展连续工作，还将启动多参数权值自动调节评估软件进行评估分析，同时将启动结构损伤评估分析系统，并将提出评估分析系统的结论，提交隧道管理者进行管养决策。

(3) 第三级为"红色区"，也称为危急报警区域。当结构部分应力、变形超过该区域设定值后，整个健康监测及数字化管养系统全面、连续开展工作，损伤评估软件进行连续、多次快速地评估分析，并应用综合健康状况评估系统对结构整体状况做出综合评价，同时迅速根据各种计算分析结论，同专家一起进一步检查，经研究和分析后决定是否限制交通量、封闭隧道或对结构进行修复调整、加固。"红色区"的应力、变形的阈值在中期报告中为应力、变形达到的报警控制值，如表 2-23 所示。

表 2-23　隧道结构健康监测各指标控制

指标		报警控制值	权值
管片应力	拉应力/MPa	2.07(工况计算验证)	20
	压应力/MPa	27.5(工况计算验证)	
钢筋应力	拉应力/MPa	315(工况计算验证)	20
	压应力/MPa	268(工况计算验证)	
抗拉强度/MPa		600(6.8 级)/800(8.8 级)	10
		247(M30，6.8 级)/337(M30，8.8 级)	
		359(M36，6.8 级)/490(M36，8.8 级)	

续表

指标	报警控制值	权值
接缝张开度/mm	<8 或<3(刚出盾尾时)	25
纵向沉降/mm	±10	25
水位/m	5(阶段性实测)	辅助评估结构响应
温度/℃	10	
水下地形冲刷/m	5(阶段性实测)	
合计		100

　　系统中三级区域的阈值将在营运一段时间后，通过结构计算分析和模型修正后，以及系统在长时间运行累积大量的数据并分析其规律后，做出适合于隧道状况变化和发展趋势的调整,更新系统设置的阈值和评估指标体系的专家打分权值。

　　自动化监测系统会间隔固定的时间自动对数据库中监测点的沉降量和隧道收敛值的累积变形与变形速率进行查询，依据之前设置好的预警值来检查监测数据是否安全。隧道安全报警流程如图 2-48 所示。

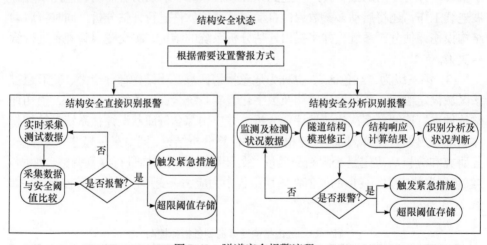

图 2-48　隧道安全报警流程

　　报警的方法有光报警、声报警、短信报警等多种方法。光报警是指软件的电子地图界面上指示监测告警位置的指示灯点亮，或红或黄；声报警是指用扬声器或蜂鸣器发出警音，并给予适当的文字提示。若出现超限值，系统就会把超限的点位用黄(红)色标识出来(黄色代表超限预警,红色代表超限报警),同时软件上的预报警图标闪烁，报警声音响起，实时快速地提醒管理人员。

　　短信报警是当一个监测量超阈值时，通过短信的方式将报警相关信息发送给隧道管理人员。声报警、光报警通常用简单的电路即可实现，短信报警一般需要手机 SIM 卡和短信猫等硬件设备，当识别为报警时，系统会给短信发送模块一个命令，这个命令会自动把超限的监测点和数据或者超限监测的区域发送到之前系统设定好的相关人员手机上，能够使水下隧道管理人员及时、快捷地清楚隧道的异常状况。

对于准确发出的报警信息，应及时根据相应的规范章程采取相应的应对措施。例如，出现黄色预警时，水下隧道管理单位应该加密相关位点监测频率，加强隧道内预警点附近监测点的监测，同时应根据预警状态的反应特点，做进一步的检查和完善；发出红色预警时，即隧道内某监测点已超出规定的监测限差值，此时除了应立即发出超限报警，还应立即采取补救措施，对预警点进行加固等处理。

参 考 文 献

[1] 刘永前. 大型桥梁结构健康监测技术研究与应用[D]. 北京: 北京交通大学, 2007.

[2] 尹福炎. 电阻应变式测力与称重传感器技术的回顾——纪念电阻应变式测力与称重传感器诞生 70 周年[C]. 第九届称重技术研讨会, 长沙, 2010: 83-92.

[3] 张俊. 光纤光栅传感器在水下隧道振动监测中的应用研究[J]. 交通科技, 2016, (6): 12-14.

[4] 李俊, 吴瑾, 高俊启. 一种监测钢筋腐蚀的光纤光栅传感器的研究[J]. 光谱学与光谱分析, 2010, 30(1): 283-286.

[5] 刘泉声, 徐光苗, 张志凌. 光纤测量技术在岩土工程中的应用[J]. 岩石力学与工程学报, 2004, 23(2): 310-314.

[6] 杨要恩, 王庆敏, 孙宝臣, 等. F-P 光纤传感器的温度与应变传感特性研究[J]. 传感器与微系统, 2005, 24(4): 24-25.

[7] 欧阳步云. 分布式光纤传感技术在智能大坝安全监测中的应用研究[J]. 科技创新与应用, 2016, (6): 6-7.

[8] 潘建懿. 隧道火灾检测用光纤光栅温度传感器的封装结构[J]. 光纤与电缆及其应用技术, 2014, (6): 42.

[9] 余有龙, 李德明, 张林. 金属管封装光纤光栅温度传感器特性的实验研究[J]. 黑龙江大学自然科学学报, 2011, 28(5): 737-740.

[10] 黄娟. 光纤光栅传感器在公路隧道结构变形监测中的应用[J]. 陕西交通职业技术学院学报, 2017, (1): 8-10.

[11] 何载. 蓝牙技术及其在无线传感器网络系统中的应用研究[D]. 西安: 西北工业大学, 2006.

[12] 靖立伟. ZigBee/GSM 农田检测系统设计[D]. 保定: 河北农业大学, 2014.

[13] 岳健, 魏彦昭, 安永林. 城市水下浅埋隧道现场监测问题探讨[J]. 建筑技术, 2017, 48(11): 1191-1195.

[14] 宋兵辉. 南方公路隧道结构性能健康监测专家系统研究[D]. 桂林: 广西大学, 2012.

第3章 水下隧道结构健康监测系统的工程应用

国内对水下隧道主体结构的安全性长期健康监测的研究起步较晚，近年来随着传感测试技术和信息技术的发展，以及大型跨江、跨海特长隧道的建设工程增多，水下隧道结构健康监测逐渐得到重视。目前，多座水下隧道结构健康监测系统已建设完成，通过在隧道结构关键位置安装传感器，实现隧道运营期环境荷载和力学响应的实时、连续、长期监测，通过对实时监测数据分析，开展隧道结构安全状况实时评价及预警，通过对长期监测数据分析，掌握隧道的劣化情况并指导维护工作。本章介绍水下隧道结构健康监测系统在不同工法修建的水下隧道工程中的应用，分析水下隧道结构健康监测系统的设计情况，揭示水下隧道结构健康监测系统的成效，明确水下隧道结构健康监测系统对确保隧道安全运营的重要作用。

3.1 盾构法水下隧道

盾构法水下隧道一般需要监测管片外土压力及水压力、管片混凝土及钢筋应力、螺栓内力、管片接缝张开量及错开量、隧道断面收敛变形等。下面对三条典型盾构法水下隧道的结构健康监测系统进行详细介绍。

3.1.1 南京应天大街长江隧道

1. 工程概况

南京应天大街长江隧道位于南京长江大桥与三桥之间，上距三桥 9km，下距南京长江大桥 10km，连接河西新城区—梅子洲—浦口区，是我国长江上隧道长度最长、盾构直径最大、工程难度最大、挑战最多的工程之一[1]。南京应天大街长江隧道由江南滨江快速路与纬七路互通立交过渡段接入点起，至江北收费广场连接快速路 500m 处，整个工程通道总长约 5853m，道路等级为双向 6 车道城市快速路，车道宽约 11m，设计车速为 80km/h，采用左汊盾构法隧道+右汊桥梁方案[2]。左汊盾构法隧道长度约 3020m，圆形隧道内径为 13.3m。隧道穿越地层主要为第四纪沉积的软土、砂土。右汊江心洲大桥全长 665.5m，主跨 248m，为独塔自锚悬索桥，主塔高 107m。大桥双向 6 车道，并设有专门的人行道，供行人步行过江。南京应天大街长江隧道工程示意图如图 3-1 所示。

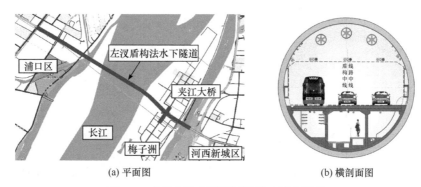

(a) 平面图　　　　　　　　　　　(b) 横剖面图

图 3-1　南京应天大街长江隧道工程示意图

2. 健康监测系统设计

1) 健康监测断面布置

在盾构法水下隧道的建设及运营维护过程中，隧道管片结构与地层、地下水长期作用，在长期高水压作用下，结构容易发生腐蚀，连接件也容易发生老化。深水河床下地质勘探的精确度比较低，隧道的设计、施工的可控制性较差，施工过程中存在一定的缺陷。盾构法水下隧道的地质、水文条件、地震、覆土厚度变化、河床高差变化、隧道纵坡及冲淤等不利条件下的隧道结构安全性问题突出。同时，在运营车辆的动载作用、长江水位变化、河床冲刷及沉船抛锚等荷载及自然因素的影响下，也可能造成隧道结构产生不同程度的病害，使隧道结构的可靠性和安全性降低。为了全面了解隧道运营期的结构安全状况，对其存在的安全隐患进行预测、预报，以便采取及时、有效的措施使安全风险降到最小，因此必须建立南京应天大街长江隧道结构健康监测系统[2]。

南京应天大街长江隧道结构健康监测系统于 2008 年 5 月与南京应天大街长江隧道施工同步安装。由于隧道具有线路长、洞径大、地质条件复杂、穿越不同地层、地下水丰富且水压力大等一系列难点和特点，隧道施工期间将大部分仪器埋入结构及地层中，实现施工阶段的变形、位移、应力、水压等监测，做到信息化施工。隧道运营期间利用这些仪器及传输设备实现隧道结构变形、受力的实时监控，保证隧道的运营安全。

南京纬七路长江监测断面隧道结构健康监测研究给出了左线、右线分别布设三个断面方案。图 3-2 为主要监测断面布置示意图，可以看出隧道所处地层的构造和分布特点，以及监测断面的总体布局。

2) 健康监测内容、设备及其布设

隧道结构健康监测内容[3]包括管片接缝张开度、隧道外侧水压力、轴向力、弯矩、螺栓锚固力以及混凝土的碳化侵蚀监测，如表 3-1 所示。各断面布设仪器统计表如表 3-2 所示，设备仪器清单如表 3-3 所示。

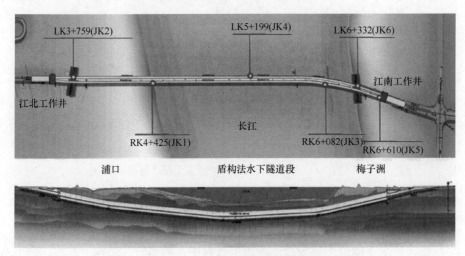

图 3-2　主要监测断面布置示意图

表 3-1　南京应天大街长江隧道结构健康监测内容及仪器

监测方法	结构监测	监测项目	监测元件与仪器	监测重点部位	备注
实时监测	结构变形	隧道衬砌纵向沉降	连通管线形监测系统	进出洞段、变坡段、覆土变化段	压力法
		管片接缝张开度	光纤光栅微小位移计	变形缝附近	自补偿
	结构荷载	结构温度分布	光纤光栅温度传感器	进出口段	—
		隧道外侧土压力	光纤光栅柔性土压力盒	高覆土	自补偿
		隧道外侧水压力	光纤光栅渗压计	高水压	自补偿
	结构内力	管片钢筋受力	光纤光栅钢筋应变计	荷载大段	外补偿
		管片混凝土受力	光纤光栅砼应变计	荷载小段	外补偿
		连接螺栓受力	光纤光栅应变传感器	变坡段	外补偿
		管片接缝法向接触力	接触压力传感器	变坡段、河底段	外补偿
定期监测	长江水位	水位变化	压力式水位计	隧道轴线上方	纵横向
	河床断面	河底地形测量	多波束测深仪	隧道轴线上方	
	地面沉降	长江大堤	水准仪	大堤段	
	管片变形	隧道净空收敛	激光断面仪	变形缝处	
	管片背部	注浆后空洞	地质雷达	变坡段	
	混凝土	混凝土碳化程度	阳极梯系统	进出口段	

表 3-2　各断面布设仪器统计表

监测项目	里程传感器	东线			西线		
		LK3 +759	LK5 +199	LK6 +332	RK4 +425	RK6 +082	RK6 +610
	监测断面距起点里程/m	160	1600	2733	826	2483	3011
管片结构受力监测	光纤光栅柔性土压力盒/个	10	10	10	10	10	10
	光纤光栅钢筋应变传感器/个	24	24	24	24	24	24
	光纤光栅混凝土应变传感器/个	24	24	24	24	24	24
	光纤光栅温度传感器/个	10	10	10	10	10	10
	振弦式渗压计/个	10	10	10	10	10	10
螺栓受力检测	环向螺栓(中间螺栓)/个	30	30	30	30	30	30
	纵向螺栓(F/B1/B3/B5/B7)/个	15	15	15	15	15	15
接缝位移监测	光纤光栅表面式位移计/个	20	20	20	20	20	20
混凝土腐蚀监测	腐蚀监测系统/套	—	2	—	—	2	—

表 3-3　南京应天大街长江隧道结构健康监测仪器设备清单

名称	规格型号	数量/个
光纤光栅柔性土压力盒	JIM-V2000G	60
光纤光栅钢筋应变传感器	SBG-04	144
光纤光栅混凝土应变传感器	STS-06	144
光纤光栅温度传感器	TMS-03	60
光纤光栅环向螺栓应变传感器	LS-01	60
光纤光栅纵向螺栓应变传感器	LS-02	30
光纤光栅表面式位移计	DPS-02	120
腐蚀传感器	Anode-Ladder	4
振弦式渗压计	GK-4500S	60
光纤光栅解调仪	sm125-500	6
光纤光栅解调仪	Si325-500	1
模拟数据自动化采集设备	BGK-Mirco-4024	6
梯形阳极梯数据采集器	CANIN LTM	1

每个断面光纤光栅传感器共计 123 个，振弦式传感器(渗压计、土压计)共计 20 个，其中断面 LK5+199、RK6+082 上各设一套混凝土腐蚀监测设备。整个监测系统共布设传感器 862 个，其中包含光纤光栅传感器 738 个、振弦式传感器 120 个(土压计、渗压计各 60 个)以及腐蚀传感器 4 套。光纤光栅传感器通过 6 台 MOI

光纤量解调仪(sm125)进行数据采集，振弦式传感器通过 6 台北京基康测量单元(BGK-Micro-4024)进行数据采集。

监测系统采用了包括上海紫珊、北京基康、S+R SensortecGmbH 等国内外 14 个生产厂家的仪器，其中光纤光栅解调仪采用美国 MOI 公司生产的光纤量解调仪(sm125)，主要设备仪器清单如表 3-3 所示。

3) 健康监测系统

针对上述监测需求分析确定的监测内容及所用仪器，结合健康监测系统实施的阶段划分，对系统的总体软件集成、硬件集成和各项功能模块进行设计，建成后作为整个隧道运营管理和监控系统的核心模块之一。为保证隧道的安全运营，监控控制中心设置在隧道运营管理中心，与隧道的日常运营、养护管理集中运行，保证必要时及时做出反应，并启动应急预案。完整的盾构法水下隧道结构健康监测系统按功能层次和结构划分为五个部分：物理层、数据层、信息层、应用层和管理层。最终实现两个方面的内容：①实现隧道运营的安全监测和预警报警，如远程监测、信息查询、阈值报警以及隐患预警等；②形成隧道结构健康与安全分析研究平台，实现隧道的日常维修和管养决策，如维修决策、费用分析、决策支持以及安全管理等[4]。

南京应天大街长江隧道结构健康监测系统的构架如图 3-3 所示。在线监测的传感器测试信号通过光缆传输到监控中心，现场仅有光纤传感器和连接光缆。在隧

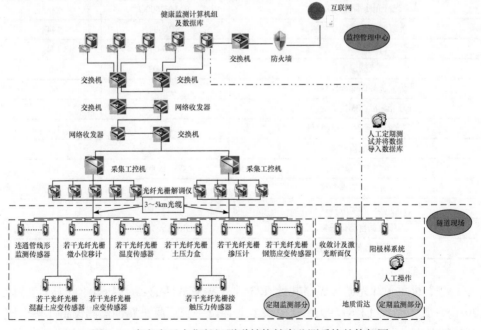

图 3-3　南京应天大街长江隧道结构健康监测系统的构架图

道综合管理中心设置专用的隧道结构健康监测工作站,工作站计算机接收由光纤解调器解调后的监测数据,这些数据实时地反映了隧道结构体所受土压力和水压力、接缝扩展和渗漏状况等,通过数据库管理软件处理成反映隧道结构实时状况的动态数据库。

上位机软件基于 Microsoft Visual Studio 与动态服务器页面(active server page, ASP)进行开发,可直接通过客户端的浏览器程序(IE)进行访问。存储在工控机数据库内的历史数据还可通过趋势与统计分析子系统对数据进行统计、整理与分析。南京应天大街长江隧道结构健康监测系统集成示意图如图 3-4 所示,子系统界面如图 3-5~图 3-9 所示。

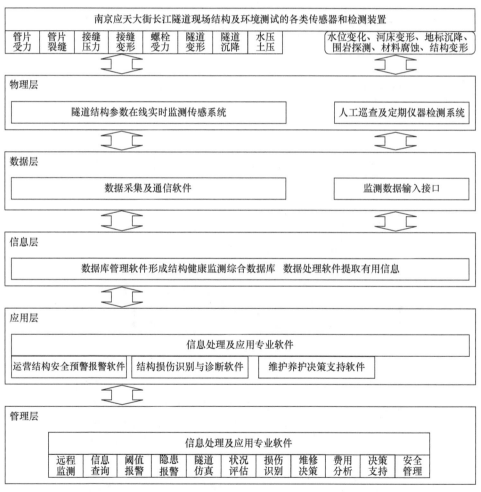

图 3-4 南京应天大街长江隧道结构健康监测系统集成示意图

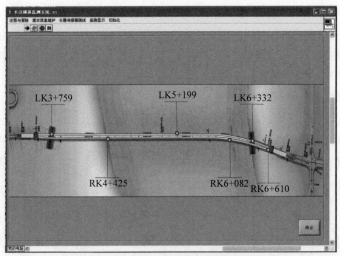

图 3-5 仪器集成与预警报警子系统主界面

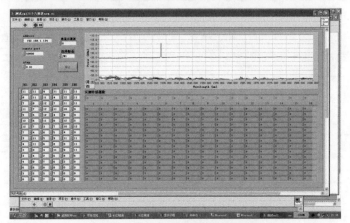

图 3-6 单一传感器数据曲线界面

图 3-7 监测显示界面

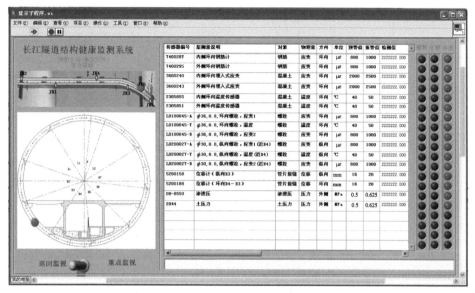

图 3-8　在线监测与预警子系统界面

	ID	Sensor_ID	SensorValue	AlarmTime	AlarmType
	3130	Sensor_791	0.88029504756...	2010-5-10 10:0...	True
	3131	Sensor_794	0.67638559155...	2010-5-10 10:0...	True
	3132	Sensor_797	0.85186127533...	2010-5-10 10:0...	True
	3133	Sensor_852	0.92329776386...	2010-5-10 10:0...	True
	3134	Sensor_856	0.81403514105...	2010-5-10 10:0...	True
	3135	Sensor_789	0.6945	2010-6-14 22:3...	True
	3136	Sensor_791	0.8803	2010-6-14 22:3...	True
	3137	Sensor_794	0.6764	2010-6-14 22:3...	True
	3138	Sensor_797	0.8519	2010-6-14 22:3...	True

图 3-9　数据库存储界面

3. 健康监测成效

南京应天大街长江隧道结构健康监测系统的设备施工安装和软件、硬件集成完成后,至今已经投入运营八年多。该项目的实施单位正在分析监测数据的长期特征,根据系统设计的目标,优化和完善该系统的各项功能。其研究成果已经通过了委托单位组织的专家鉴定,与会专家高度评价了该项目设计研究取得的成果,为南京应天大街长江隧道及类似盾构法水下隧道的建设和运营管理提供了借鉴,达到了项目研究的目标[4]。

通过对南京应天大街长江隧道的监测数据分析发现:截至 2016 年,以 RK4+425监测断面为例,各管片渗压计和土压计变化量接近,整体呈现平稳趋势;螺栓传感器的拉压应变和钢筋计的拉压应变随着时间的推移(图 3-10),均逐步出现稳定态势,且在理论值范围内。发展趋势表明,结构受力稳定,未出现大的开裂等病害问题。

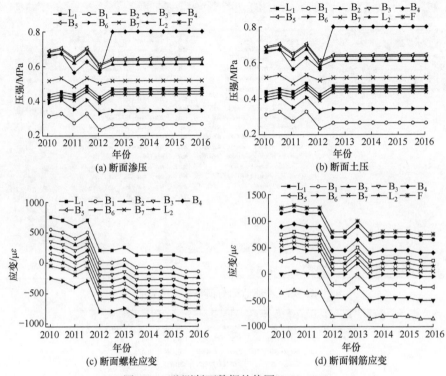

图 3-10 监测断面数据趋势图(RK4+425)
L 线型代表邻接块;B 线型代表标准块;F 线型代表封顶块

3.1.2 上海长江隧道

1. 工程概况

上海长江隧道是目前世界上直径最大的盾构法水下隧道之一,拥有 15.2m 的超大盾构直径。它位于上海市东北部长江口南港水域,连接上海市陆域和长兴岛,属于上海长江隧桥工程(南隧北桥)中的“南隧”部分,即以隧道方式穿越长江南港水域,隧道全长约 9km,穿越水域部分达 7.5km,高速公路采用双向 6 车道,设计车速为 80km/h。隧道施工使用两台超大盾构一次性掘进距离长达 7.5km,没有停顿,最大深度达到 55m。上海长江隧道平面示意图如图 3-11 所示。

20 世纪 90 年代初,上海开始规划研究长江隧桥工程,前期工作共历时 11 年。1994 年 9 月完成了《长江口越江通道工程重大技术问题前期研究报告》;1999 年 3 月,工程预可行性研究报告完成,2001 年 8 月开展工程国际方案征集工作,确定了南隧北桥方案;2002 年 12 月,国家计划委员会批复工程项目建议书报告;2004 年 11 月,国家发展和改革委员会批复工程可行性研究报告,同年 12 月正式开工建设;2005 年 7 月,交通部批复工程初步设计报告,并核准工程总投资 126.16

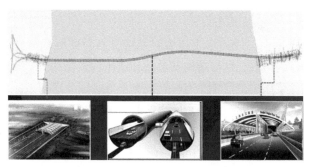

图 3-11　上海长江隧道平面示意图

亿元人民币；2008 年 9 月 5 日，上海长江隧道提前实现双线贯通；2009 年 10 月 31 日，上海长江隧桥正式通车。

上海长江隧道整体断面设计为上下双管隧道，两单管间净距约为 16m，沿其纵向每隔约 800m 设一条横向人行联络通道。上海长江隧道断面衬砌内直径为 13.7m，顶部设有火灾排烟用烟道，面积为 12.4m²，隧道中部为 3 车道的车行道，建筑限界净宽 12.8m，车道净高 5.2m，车行道下部为预留的轨道交通空间，左侧为主要的疏散通道，通知布设地埋式变压器，右侧为电缆管廊，上海长江隧道圆形断面如图 3-12 所示。

图 3-12　上海长江隧道圆形断面图

2. 健康监测系统设计

1) 健康监测项目

上海长江隧道结构健康监测[5]旨在对上海长江隧道的关键设计参数和设计指标进行验证，同时累积数据，帮助评价隧道的健康状况，发现运营过程中的潜在危险，及时进行安全预警，并为制订隧道的维护养护方案提供依据。

2) 监测内容、设备及其布设

在监测内容选取上，外界水土压力对结构受力与变形有着直接的影响，结构变形与沉降数据较为可靠，且与结构安全性和适用性密切相关，结构内力受施工过程中拼装应力和注浆压力的影响，有一定的离散性，因此建议按照水土压力、结构变形、结构沉降、结构内力的优先顺序来选取监测内容。上海长江隧道结构健康监测系统主要监测内容有水土压力、结构差异变形、管片钢筋受力、钢筋锈蚀、隧道沉降、隧道断面收敛、混凝土开裂和渗漏水、长江大堤沉降、河床断面、长江水位。

在监测位置选取上，应根据地质条件和周边环境条件，建议在如下结构薄弱位置进一步筛选：隧道埋深最深与最浅处、隧道覆土最深与最浅处、地层条件变化处、设计转弯小曲率半径处、主隧道与联络通道连接处、与邻近隧道或地下建(构)筑物的交叉处、施工缺陷断面处等。上海长江隧道监测内容和设备详情如表 3-4 所示。

表 3-4　上海长江隧道监测内容和设备详情

	监测内容	监测位置	监测设备或方式
自动监测	水土压力	隧道覆土最深处、埋深最深处	柔性土压力计
	结构差异变形	主隧道与联络通道连接处	三向位移计
	管片钢筋受力	隧道覆土最深处、埋深最深处	振弦式钢筋计
定期监测	钢筋锈蚀	隧道覆土最深处、埋深最深处	阳极梯
	隧道沉降	全隧道(间隔约 100m)	电子水准仪
	隧道断面收敛	隧道覆土最深处、埋深最深处、联络通道附近、轴线曲率最大处、施工缺陷断面处	全站仪
	混凝土开裂和渗漏水	隧道覆土最深处、埋深最深处、施工渗漏处、施工缺陷断面处(重点检查)	数字照相技术、人工观测
	长江大堤沉降	隧道轴线上方	全站仪
	河床断面	隧道轴线上方	多波速探测仪
	长江水位	隧道轴线上方	人工标尺

3) 健康监测系统

盾构法水下隧道结构健康监测系统是指以盾构法水下隧道结构长期监测为基础，以数据分析和力学分析为主要手段，以验证关键设计参数与指标、结构服役性能评价与预警、合理配置养护资源为主要目标的数据采集、管理与分析综合系统。

上海长江隧道结构健康监测系统分为数据采集、传输与存储子系统，数据集成、可视化与预警子系统，数据分析与评价子系统，如图 3-13 所示。

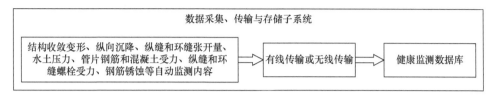

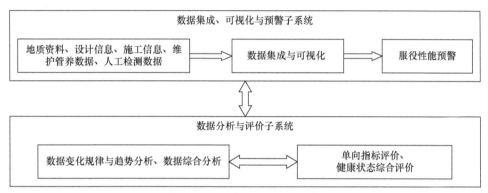

图 3-13　上海长江隧道结构健康监测系统组成

3. 健康监测成效

上海长江隧道结构健康监测系统对上海长江隧道管片内钢筋应力、管片外侧的土压力、主隧道与联络通道之间的相对变位进行了监测，经运营实践表明：通过上海长江隧道结构健康监测系统可以深入了解结构实际状况和变化趋势，同时帮助上海长江隧道的管理和运营单位确定了一套科学合理的实用数据评估思路，为隧道提供养护服务。该项目的研究成果能够为类似盾构法水下隧道的建设和运营管理提供借鉴。

3.1.3　南京定淮门长江隧道

1. 工程概况

南京定淮门长江隧道(纬三路过江通道)工程起于浦珠路与定向河交叉点附近，沿定向河东岸向南布置，与规划丰子河路相交后设主线收费站。经过收费站后路线左偏，在明挖段利用弯道进行平纵线形转换，将车流分别引入北线隧道和 S 线隧道双层盾构。路线向北避开定向河口的主江深槽后，北线隧道和 S 线隧道分离布置。北线隧道继续左偏穿过潜洲后右偏避开夹江秦淮河口附近的深槽，从秦淮河口上游上岸，隧道出口位于扬子江大道上，路线全长 7km，其中隧道总长 4.9km(盾构段总长 3.5km)；S 线隧道右偏穿过潜洲、江心洲后左偏，在定淮门大街和扬子江大道交叉点附近上岸，隧道出口位于定淮门大街与龙园西路路口，路线全长 7.4km，其中隧道总长 5.3km(盾构段总长 4.1km)。南京定淮门长江隧道位置如图 3-14 所示。

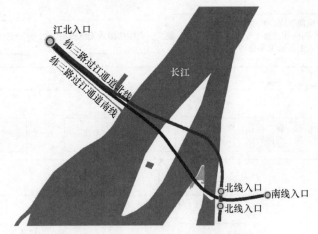

图 3-14　南京定淮门长江隧道位置图

南京定淮门长江隧道属于超大直径盾构，开挖直径达 15m，且盾构内为双层行车道结构，地质条件复杂，穿越多种地层，其中江中有 700m 岩层，部分全断面侵入岩层，水压力高达 0.8MPa，为国内盾构法水下隧道之最。越江盾构法水下隧道建设费用高，可维修性差且维修费用高。在设计和施工新建隧道时，设计相应的实时在线监测系统，并采取相应的防范措施，可减少病害的发生，提高结构的安全性，减少维修费用。当前，在我国越江盾构法水下隧道建设量日益增长的形势下，为确保其使用寿命及使用功能的正常发挥，对结构的耐久性进行长期实时监测并开展相应的研究已成为刻不容缓的问题。

2. 健康监测系统设计

1) 健康监测项目

随着隧道工程的大规模建设，隧道工程运营期结构状况的评估、运营现状以及工程服务寿命的预测已成为隧道工程建设需要解决的重大课题，同时也是隧道运营业主关心的一个重要议题。管片开裂、接缝张开度过大、衬砌漏水、土砂流入、盾构法水下隧道运行期地基纵向不均匀沉降、侵蚀性地下水对盾构法水下隧道管片的腐蚀以及河床冲刷、航道疏通对盾构管片稳定性的影响[6]等，均是盾构法水下隧道的常见病害。

2) 监测内容、设备及其布设

鉴于上述隧道病害的列举，南京定淮门长江隧道实时在线健康监测项目主要包括纵向不均匀沉降、关键代表性断面管片外侧的荷载(水压力、土压力)、关键代表性断面的受力状况(管片钢筋应力、管片混凝土应变、管片连接螺栓应力)、关键代表性断面的管片收敛变形、关键代表性断面的管片偏转、关键代表性断面的管片裂缝和接缝张开量、盾构管内上车道板变形、盾构管内下车道板变形、地震动响应。

3) 健康监测断面的选择

监测点主要设置在地质条件明显变化处,如江心段、竖井与隧道交接处、最大荷载断面等典型断面处[7],通过预埋监测仪器,获取监测数据,随后利用采集到的数据分析隧道的运营状态,北线关键代表性监测断面信息如表 3-5 所示。

表 3-5　北线关键代表性监测断面信息

北线	管片环数	断面情况
NJC-01	No.308	江北岸段
NJC-02	No.493	江北大堤下方
NJC-03	No.569	江北大堤下方靠近江边一侧
NJC-04	No.594	江水最深断面
NJC-05	No.619	江水深、上覆地层厚度小、地形变化大
NJC-06	No.681	江水深度大
NJC-07	No.952	江心洲段
NJC-08	No.1112	江心洲段
NJC-09	No.1448	江水深度大
NJC-10	No.1661	江南大堤下方靠近岸边一侧

北线实时自动化监测项目和监测断面布置如表 3-6 所示。

表 3-6　北线实时自动化监测项目和监测断面布置

监测项目	断面布置
纵向不均匀沉降	NJC-01～NJC-10
关键代表性断面管片外侧的荷载(水压力、土压力)	NJC-01～NJC-10
关键代表性断面的受力状况(管片钢筋应力、管片混凝土应变、管片连接螺栓应力)	NJC-01～NJC-10
关键代表性断面的管片收敛变形	NGX-01～NGX-18
关键代表性断面的管片偏转	NJC-01～NJC-10

续表

监测项目	断面布置
关键代表性断面管片裂缝和接缝张开量	NJC-01～NJC-10
地震动加速度计布置	NJC-04
盾构管内上车道板变形、下车道板变形	NGX-01～NGX-18

北线定期人工巡测项目及相应断面位置如表 3-7 所示。

表 3-7　北线定期人工巡测项目及相应断面位置

巡测项目	断面位置
常规养护检测项目	全线
管片混凝土碳化深度检测	NJC-01～NJC-10
管片钢筋腐蚀程度检测	NJC-01～NJC-10

主要监测项目及监测断面如图 3-15 所示。

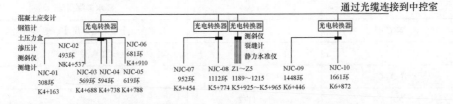

图 3-15　主要监测项目及监测断面图

　　根据上述监测目标和内容的确定，以及监测断面的选择，分别选取了相应的监测传感器，并设计了传感器的布设方案，具体如表 3-8 所示。

表 3-8　传感器及其布设方案

序号	监测项目	传感器名称	布设位置	断面测点数
1	盾构管片外的水压力	振弦式渗压计	每个断面上、下、左、右四个位置各布置一个测点	4
2	盾构管片外的土压力	振弦式土压力计	每个断面上、下、左、右四个位置各布置一个测点	4
3	盾构管片内混凝土应力	振弦埋入式应变计	每个断面管片外侧钢筋部位各布置一个测点	20

续表

序号	监测项目	传感器名称	布设位置	断面测点数
4	盾构管片内钢筋内力	振弦式钢筋计	每个断面中,每个管片外侧中间外侧筋和内侧筋部位各布置一个测点	20
5	盾构管片连接螺栓的应力	螺栓应力计	每个断面中,环内的连接螺栓使用定制的螺栓应力计	10
6	盾构管片接缝处张开度	振弦表面式测缝计	每个断面中,相邻环之间每块管片各布置一个测点	10
7	盾构管片偏转	固定式倾角计	每个断面上、下、左、右各布置一个测点	4
8	断面收敛	激光收敛计	每个断面布置两个测点	2
9	车道板变形	光纤光栅车道板应变计	每个断面中车道板下方	4
10	管片振动特性	三向力平衡加速度计	在 NJC-04 断面底部布设	1
11	地震	振动记录仪	—	—

　　南京定淮门长江隧道监测系统主要采用了包括上海紫珊、北京基康、拓普瑞晟、北京光电等国内外数个生产厂家的仪器,仪器设备清单如表 3-9 所示。

表 3-9　南京定淮门长江隧道监测仪器设备清单

序号	设备名称	设备品牌、规格、型号	单位	数量
1	分布式光纤温度应变监测系统及采集传输	DiTeSt STA-R	台	1
2	铠装光纤	—	m	10000
3	混凝土应变计	紫珊 ESS-06 型	个	200
4	钢筋计	紫珊 SBG-04 型	个	200
5	袖珍型渗压计	基康 BGK-FBG-4500S 型	个	40
6	土压力盒	基康 BGK-FBG-4800SGT 型	个	40
7	测斜仪	基康 BGK-FBG-6160 型	个	40
8	振弦表面式测缝计	基康 BGK-FBG-4400 型	个	100
9	三分量力平衡式加速度计	拓普瑞晟 YD21	个	1
10	地震记录仪	Geode 地震记录仪	台	1

续表

序号	设备名称	设备品牌、规格、型号	单位	数量
11	扩展模块	紫珊 FONA-2	套	5
12	结构健康监测系统数据通信电缆线	—	m	15000
13	钢筋锈蚀仪	北京光电 BJXS-1 型	个	4
14	碳化深度测量仪	精威 TH-1	个	4

3. 健康监测成效

目前,南京定淮门长江隧道结构健康监测系统对隧道施工期内盾构段管片的变形、钢筋应力、混凝土应力、管片外侧的水压力和土压力等指标进行了监测,如图 3-16 所示,记录了施工过程中隧道结构参数的变化,确定了施工监测方案的重点,同时也表明了运营期的隧道监测对确保隧道的安全运营有着重要的意义。

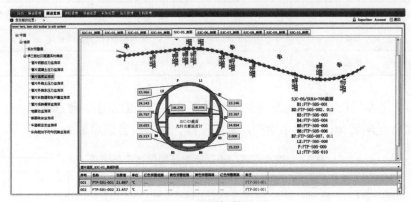

图 3-16 监测软件界面

南京定淮门长江隧道建成后,2016 年 6 月下旬,我国南方广大区域出现强降雨,造成长江等河流水位上涨,南京段各水域全面超警戒水位。南京定淮门长江隧道作为穿越长江的重要通道,面临巨大考验。此段时间,南京定淮门长江隧道结构健康监测系统发挥了较大的作用,实时反馈了隧道结构的受力、变形特征,如图 3-17 所示。降雨后隧道监测指标均逐渐增大,前后对比十分显著。

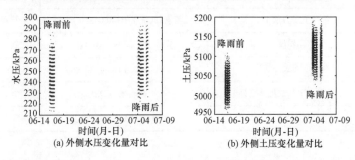

(a) 外侧水压变化量对比 (b) 外侧土压变化量对比

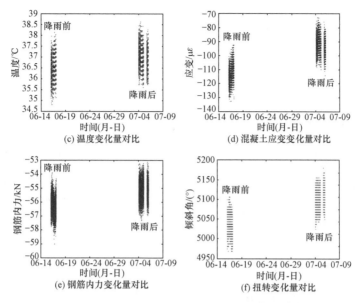

图 3-17　南京定淮门长江隧道结构健康监测数据图

3.2　沉管法水下隧道

3.2.1　港珠澳大桥海底隧道

1. 工程概况

港珠澳大桥是我国的一座跨海大桥，连接香港大屿山、澳门半岛和广东省珠海市，全长 50km，主体工程"海中桥隧"长 36km，其中海底隧道长约 7km，桥梁长约 29km。1983 年，香港的建筑师胡应湘最早提出了建造港珠澳大桥的想法；2009 年 12 月 15 日，港珠澳大桥正式开工建设；2016 年 6 月 29 日，主体桥梁成功合拢；2016 年 9 月 27 日，港珠澳大桥主体桥梁正式贯通；2017 年 4 月 10 日，港珠澳大桥珠海连接线最后一项控制性工程——拱北隧道全隧贯通，标志着港珠澳大桥珠海连接线主体工程实现全线贯通。主体工程采用桥隧组合方案，穿越伶仃门西航道和铜鼓航道段约 6.7km，采用隧道方案，其余路段约 22.9km，采用桥梁方案。

港珠澳大桥海底隧道起讫点桩号为 K6+761～K12+751，全长 5990m(不含桥隧过渡段，两岛之间的沉管段长 5664m，现浇暗埋段长 163m)，建成后为世界最长的沉管法水下隧道。港珠澳大桥海底隧道采用两孔单管廊横断面，两侧为行车道孔，中间为综合管廊，管廊内分为三层，上层为专用排烟通道，中层为安全通道,下层为电缆沟和海底泵房。隧道中隔墙上每隔 67.5m 设置一处逃生安全门,连通两车道孔及横向安全通道(图 3-18)。隧道海底沉管段和暗埋段安装结构健康监测系统。

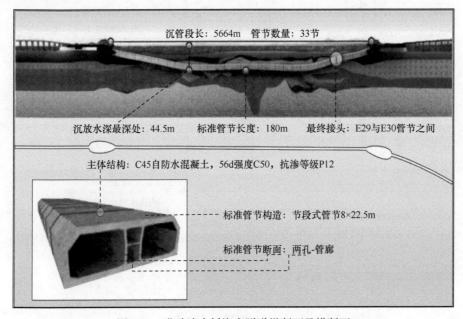

图 3-18　港珠澳大桥海底隧道纵断面及横断面

2. 健康监测系统设计

1) 健康监测项目

港珠澳大桥海底隧道沉管段位于海底海床的软弱地基上,主要为海砂及海底淤泥。随着使用年限的增加,修建在软土地层中的沉管法水下隧道受车流、潮汐、淤积深度等外部可变荷载的反复作用,可能会使隧道不同管节之间产生不均匀沉降和局部错动受损,给沉管法水下隧道的结构安全带来巨大隐患,并且隧道位处深海水下,一旦破坏将产生无法估量的灾难性后果。根据设计文件的要求及危险性分析的结果,确定港珠澳大桥海底隧道结构健康监测系统进行以下监测:①重要的环境荷载(环境温度、湿度、交通荷载、地震);②关键代表性构件、控制截面的变形状况(管节间相对位移);③关键控制截面的应变(侧墙、内墙、顶底板及管廊处的应变等);④混凝土氯离子腐蚀进程;⑤止水带渗漏。

上述监测项目主要分为四个类别:荷载监测、结构动/静态响应监测、腐蚀监测和渗漏监测,对应八个监测项目,如表 3-10 所示。

表 3-10　港珠澳大桥海底隧道健康监测项目及监测点概况

序号	类别	监测项目	测点位置描述	数量
1	荷载监测	环境温度、湿度	东西人工岛暗埋段，E6、E17、E27 管节中部管廊侧墙上	10
2		交通荷载	东西人工岛上的隧道入口处	2
3		地震	E17 管节中部管廊底部，E33、E1 管节与暗埋段接头处中部管廊底部，东西人工岛暗埋段中间底板	5
4		管节间相对位移	正常管节接头处，管节与暗埋段接头处上游、下游侧墙及顶板	136
5		结构应变	人工岛东西暗埋段及 E1、E4、E13、E17、E24、E29、E33 管节受力较不利位置	54
6		结构温度	与结构应变监测同截面	54
7	腐蚀监测	结构腐蚀监测	东暗埋段和沉管段，E8、E17、E25、E33 管节中部背水面保护层内	5
8	渗漏监测	止水带渗漏	管节端头两层止水带的空腔内	34

2) 主要传感器

港珠澳大桥海底隧道结构健康监测项目采用的主要设备分如表 3-11 所示。

表 3-11　港珠澳大桥海底隧道结构健康监测项目采用的主要设备

系统	项目	仪器	单位	数量
自动监测系统	环境温/湿度监测	温/湿度计	个	10
	交通荷载监测	称重传感器	套	2
	地震动响应监测	三向加速度计	个	5
		强震记录仪	台	5
	管节接头张开和变位监测	位移传感器	个	136
	结构应力监测	光纤光栅应变传感器	个	54
	结构温度监测	光纤光栅温度传感器	个	54
	混凝土腐蚀监测	混凝土腐蚀计	套	5
	管节接头漏水监测	压力变送器	个	34

续表

系统	项目	仪器	单位	数量
数据采集与传输系统	—	光纤光栅解调仪(4 通道)	台	3
	—	工业级数据采集仪(32 通道)	台	6
	—	滤波器(32 通道)	台	6
	—	嵌入式信号采集模块	台	12

　　不同传感器在沉管法水下隧道监测横断面上的布设位置如图 3-19 所示，路面坡度为 1.5%，温度计和应变计主要布设在双向管道内侧上部及其侧壁，位移计则主要布设在双向管道内壁靠外侧面下角点和上部内壁靠外侧角点，混凝土腐蚀计布设于管道断面上部外侧，三向加速计布设于电缆通道底部内壁处。

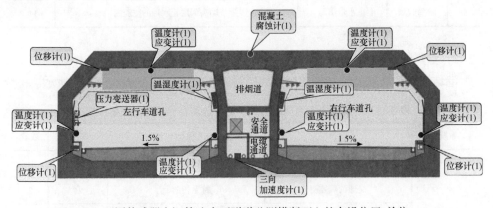

图 3-19　不同传感器在沉管法水下隧道监测横断面上的布设位置(单位：cm)

3) 系统架构

　　港珠澳大桥海底隧道结构健康监测系统[8](图 3-20)基于地理信息系统(geographic information system，GIS)和分布式数据库管理系统，结合互联网技术，建立一个三层 C/S 和 B/S 混合结构的结构健康监测及安全监控预警系统，利用通信光缆传输网络作为信息传输平台，将结构现场测试站点和控制中心有机地连接为一个分布式整体，同时远程用户可以通过互联网连接到现场测试站点，并通过网络对系统进行控制、配置以及获得系统评估的结构健康状态。

　　港珠澳大桥海底隧道结构健康监测系统是一个基于自动监测与人工巡检方式

相结合的应用系统，根据系统功能要求、非功能要求和系统的总体应用方式，系统划分为六个子系统，如表 3-12 所示。

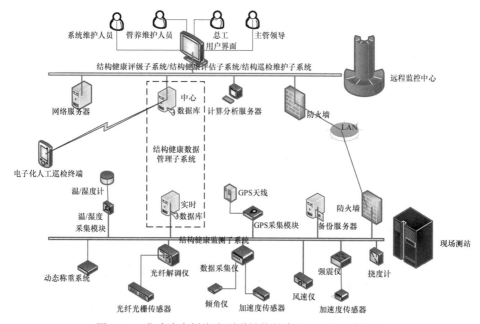

图 3-20　港珠澳大桥海底隧道结构健康监测系统总体框架

表 3-12　软件系统划分表

编号	子系统名称	实现业务功能
1	监测数据采集子系统	实现数据自动化采集、数据前处理、存储及传输功能
2	构件巡检维护子系统	实现结构巡检数据的采集、导入、输出功能，以及电子化人工巡检维护功能
3	结构健康评级子系统	实现结构构件危险性、易损性、外观性的综合评级，并形成评级报告
4	结构健康评估子系统	实现结构危险状态预警、损伤诊断、技术状况评定、极限状态评估功能，并形成各类分析报告
5	结构维护决策子系统	制订结构巡检、养护决策及具体计划，指导港珠澳大桥运营管理
6	结构健康数据管理子系统	静态、动态数据库的设计与实现；实现数据管理、录入、维护、删除、报表打印输出、备份和恢复功能，并实现结构运营状态的实时监测预警、数据查询与统计及系统状态监控等功能

本项目结合港珠澳大桥的特点，采用静力指纹法和动力指纹法相结合的方法

进行损伤识别，采用层次分析法进行结构技术状况评定。

3. 健康监测成效

港珠澳大桥海底隧道结构健康监测系统采用了基于自动化采集传输监测与电子化人工巡检相结合的综合监测策略，为主体工程全寿命期数字化、信息化管养体系的建立创造了良好的条件。

建立完备的监测管理养护平台，能够掌控桥梁、隧道、人工岛的安全使用状态，最大可能地减少或避免灾难性事故的发生；建立电子化自动人工巡检系统，给隧道定期进行"体检"，为港珠澳海底隧道安全高效地运营提供有力保障。

3.2.2　甬江水底隧道

1. 工程概况

甬江水底隧道是我国第一条在软土地基上采用沉管法施工的水底隧道，位于距宁波市 17km 处的甬江下游[9]，是 329 国道镇海与北仑的连通工程，北端与镇海、宁波、杭州相接，南端与江南公路相接，直通北仑港和小港经济开发区，如图 3-21 所示。

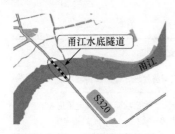

图 3-21　甬江水底隧道区域
示意图

甬江水底隧道距离甬江出海口约 2km，轴线位于甬江河段转弯处。甬江江面宽 330m，主航道宽 80m，北岸为凹岸，主航道距北岸边约 50m；南岸为淤积区，退潮时河滩宽约 90m。隧道工程总长为 1020m，其中北岸引道为 360m，主要为地下连续墙结构，北竖井为 15m，江中沉管段为 420m(含 E1 ～ E5 共五节管段，长度为 85m+80m+3×85m)，南引道 225m，主要为扶壁式挡土墙结构。

甬江水底隧道按国家平原微丘二级公路标准设计，原设计标准为单孔双车道(路面宽 7.5m，净高 4.5m)，设计车速 60km/h，设计日平均交通流量为 5500 辆，最大纵坡为 3.8%；2007 年，大修设计标准做了相应的调整，设计车速为 40km/h(大修前运营限速为 30km/h)，日平均交通流量为 15745 辆，最大纵坡为 4.1%。

2. 健康监测系统设计

1) 健康监测项目

甬江水底隧道建成后，随着运营时间的推移，各构件将受到各种损伤及内力，相应的刚度和承载能力就会出现不同程度的衰减，这些损伤和内力状态的改变如果能够预先被预警，并且及时进行适当的调整和维护，就不会危及隧道结构的运营安全，否则将可能导致灾难性事故。为避免灾难性事故的发生，应实时掌控隧道的安全使用状态，辅助隧道保养维护，构建一个技术先进、措施合理、实用经济、易于管理、开放兼容、符合需求的健康监测系统是十分必要的。

2) 监测内容、设备及布设

根据甬江水底隧道的环境特点、结构受力特性、构造特点和监测重点，项目监测内容[10]包括以下几项。

(1) 沉降监测：隧道不均匀沉降监测。

(2) 位移监测：隧道管段接头处、管段与竖井接头处位移监测。

(3) 裂缝监测：隧道裂缝变化情况监测。

(4) 应变监测：隧道管段关键部位应变监测。

具体监测内容如下。

(1) 隧道不均匀沉降监测、采用静力水准仪，每个管段接头至少布置 2 个，并且在沉降量最大的 E4 和 E5 管段接头处增加 2 个，全隧道共计布置 14 个。每个接头部位布置的静力水准仪为 2 个，在隧道同一侧沿Ω钢板中心线对称布置，但在全隧道纵向各接头的静力水准仪沿隧道异侧布置，E4、E5 管段接头处共布设 4 个。静力水准仪布置如图 3-22～图 3-24 所示。

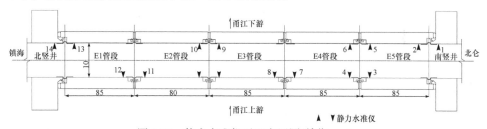

图 3-22　静力水准仪平面布置图(单位：m)

(2) 位移监测：监测隧道管段接头处、管段与竖井接头处位移变形情况，通过对位移进行监测，掌握隧道沉管结构接头处的稳定情况，确保隧道处于安全稳定状态。位移计选择在正常管段接头处、管段与竖井接头处布置，每接头两个，上下游对称布设，共计 12 个，在两侧侧墙位置沿静力水准仪的连线安装。位移计布置如图 3-25～图 3-27 所示。

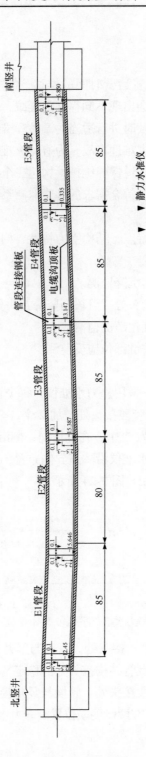

图3-23　静力水准仪纵截面布置图(单位：m)

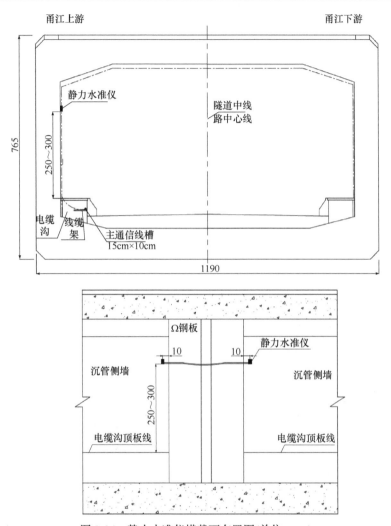

图 3-24　静力水准仪横截面布置图(单位：cm)

(3) 裂缝监测：监测隧道裂缝变化情况，通过对裂缝发展状况监测，预测下一步结构的变形趋势，根据变形发展状态，决定是否需要采取相应的防护控制措施，并为确定经济合理的养护方案提供决策依据。选择 E1 管段裂缝处，E1 管段已经出现渗水现象的裂纹有 2 条，除了这 2 条裂纹，另选择 3 条未出现渗水现象的裂纹布设测缝计，以便进行数据比较分析，共布设 9 个测缝计。

(4) 应变监测：监测隧道管段关键部位应变，通过应变状态监测，掌握隧道结构应变状态，根据应变发展状态，为确定经济合理的养护方案提供决策依据。混凝土应变计的测点布设位置与测缝计测点相同，共 7 个振弦式应变传感器。

甫江水底隧道结构健康监测系统主要设备数量汇总如表 3-13 所示。

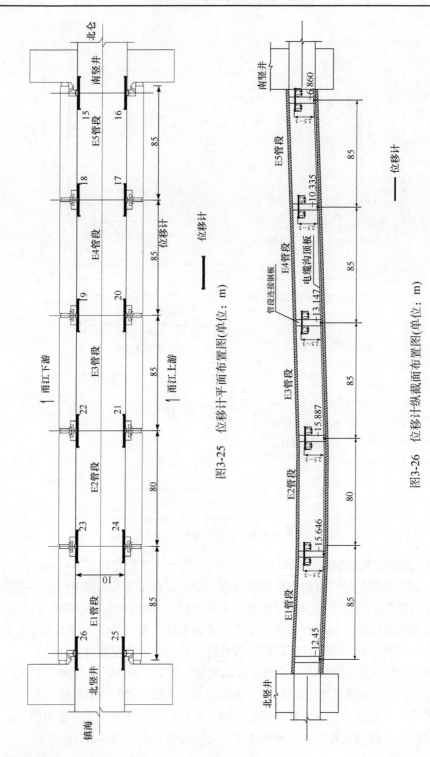

图3-25 位移计平面布置图(单位：m)

图3-26 位移计纵截面布置图(单位：m)

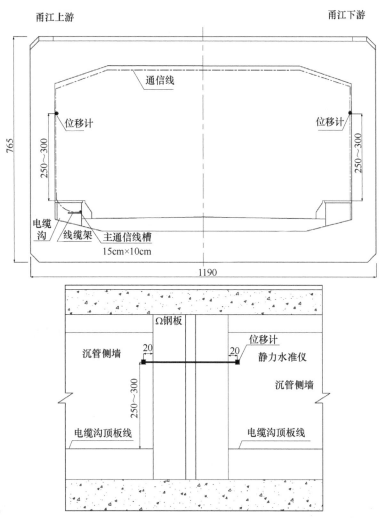

图 3-27　位移计横截面布置图(单位：cm)

表 3-13　甬江水底隧道结构健康监测系统主要设备数量汇总表

分类	项目	仪器	单位	数量
传感设备	沉降检测	静力水准仪	个	14
	位移监测	位移计	个	12
	裂缝监测	测缝计	个	9
	应变监测	应变计	个	7
数据采集与传输系统	—	综合数据采集仪	台	1
	—	工业级网络交换机	台	1
	—	串口服务器	台	5

续表

分类	项目	仪器	单位	数量
数据处理与控制设备	—	服务器	台	1
	—	室内网络机柜	个	1
支持保护设备及辅材	—	工业级直流电源	台	5
	—	信号防雷器	套	1
	—	电源防雷器	套	1
	—	辅材	批	1
软件	—	数据采集与处理软件	套	1
	—	中心数据库管理软件	套	1
	—	远程实时监测及预警软件	套	1

3) 系统架构

甬江水底隧道结构健康监测系统的拓扑结构如图 3-28 所示。

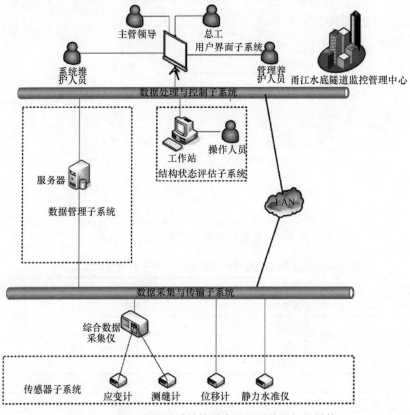

图 3-28　甬江水底隧道结构健康监测系统的拓扑结构

根据甬江水底隧道结构健康监测系统的监测目的，共分为 6 个子系统，如表 3-14 所示。

表 3-14　甬江水底隧道结构健康监测系统子系统

编号	系统名称	业务功能
1	传感器子系统	拾取结构荷载源参数和结构响应参数，并将这些参数转换为模拟信号、数字信号或光信号
2	数据采集与传输子系统	对各种类型传感器的信号进行预调理和模数转换，最后在数据采集站计算机上保存并进行远程传输
3	数据处理与控制子系统	对数据采集模块收集到的数据进行预处理，提交给后续各子系统使用，同时数据处理与控制服务器能够设置和控制数据采集与传输模块的工作
4	数据管理子系统	提供各类数据存储的工具与场所，实现对大量、多种类数据的管理，为多个子系统提供共享数据信息，同时支持分布式的处理与访问
5	结构状态评估子系统	对在线监测和人工巡检得到的各类数据进行统一的处理分析，对环境荷载作用下的结构进行分析，对隧道结构进行异常诊断，对隧道性能进行辨识，以及对结构健康状态进行评估
6	用户界面子系统	实现将各种数据实时按需求向用户展示，并且接受用户对系统的控制与输入

3.3　钻爆法水下隧道

3.3.1　厦门翔安海底隧道

1. 工程概况

厦门翔安海底隧道是厦门市本岛第三条进出岛公路通道，连接厦门市本岛和大陆翔安区，如图 3-29 所示。工程全长 8.7km，其中海底隧道长 6km，跨越海域宽约 4.2km，是我国第一座大断面海底隧道[11]。设计采用三孔隧道方案，两侧为行车主洞隧道，各设置三车道，中孔为服务隧道，如图 3-30 所示。主洞隧道建筑

图 3-29　厦门翔安海底隧道

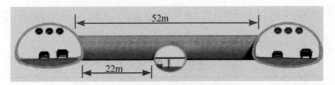

图 3-30　隧道横断面

限界净宽 13.5m，净高 5m。服务隧道建筑限界净宽 6.5m，净高 6m。主洞隧道侧线间距为 52m，服务隧道与主洞隧道净间距为 22m，设计行车速度为 80km/h。隧道最深处位于海平面下约 70m，最大纵坡 3%。左、右两侧主洞隧道各设通风竖井 1 座，隧道全线共设 12 处行人横通道和 5 处行车横通道，横通道间距 300m。厦门翔安海底隧道主要采用钻爆法施工，支护结构设计为复合衬砌结构。

厦门翔安海底隧道工程场区以燕山早期花岗岩及中粗粒黑云母花岗岩为主，穿插辉绿岩、二长岩、闪长玢岩等喜山期岩脉。主要不良地质现象包括隧道两端陆域及浅滩全强风化地层，海域段 F1、F2、F3 共 3 处全强风化深槽和 F4 全强风化深囊，沿线主要不良地质段分布如图 3-31 所示。左、右两侧主洞隧道和服务隧道穿越海域风化深槽(囊)的宽度分别为 109.8m、135.2m 和 115.8m，厦门翔安海底隧道多处穿越风化槽(囊)地段[12]。

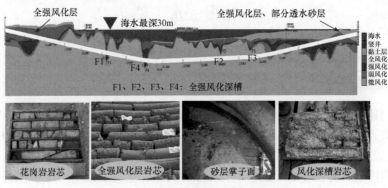

图 3-31　厦门翔安海底隧道地质剖面图

2. 健康监测系统设计

1) 健康监测项目

厦门翔安海底隧道施工面临着较大的隧道运营期安全风险，原因是：1118.5m 穿越风化槽，此类岩体强度低、自稳能力差；水压高达 0.7MPa；最大埋深 70m，海水最深处 30m，涌水、塌方风险极大。根据以上问题，设计了针对性的厦门翔安海底隧道结构健康监测系统(图 3-32)，根据地质条件变化处、临岸段、覆土最深处、水压最大处等关键位置选取了 19 个监测断面。具体监测断面、监测项目及测点数量如表 3-15 所示。

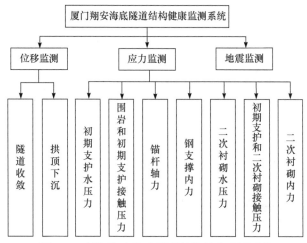

图 3-32　厦门翔安海底隧道结构健康监测系统

表 3-15　监测断面、监测项目及测点数量

隧道	序号	断面里程	监测项目的测点数量										
			初期支护水压力	围岩和初期支护接触压力	锚杆轴力	钢支撑轴力	二次衬砌水压力	初期支护和二次衬砌接触压力	二次衬砌内力	二次衬砌表面应变	地震	位移	水位
左主洞隧道	1	ZK7+050	—	—	—	—	—	—	16	—	—	—	—
	2	ZK7+152	—	—	—	—	—	—	16	—	—	—	—
	3	ZK8+283	—	—	—	—	—	—	16	—	—	—	—
	4	ZK8+849	—	—	—	—	—	8	16	—	—	—	—
	5	ZK8+905	—	—	—	—	—	8	16	—	—	—	—
	6	ZK8+910	4	8	16	16	4	8	16	5	—	1	—
	7	ZK8+915	—	—	—	—	—	8	16	—	—	—	—
	8	ZK9+030	—	—	—	—	—	8	16	—	—	—	—
	9	ZK10+188	—	—	—	—	—	—	16	—	—	—	—
服务隧道	10	ZK8+950	—	—	—	—	4	8	16	—	—	—	—
右主洞隧道	11	ZK8+400	—	—	—	—	—	—	16	—	—	—	—
	12	ZK8+983	—	—	—	—	—	—	16	—	—	—	—
	13	ZK10+676	—	—	—	—	—	8	16	—	—	—	—
	14	ZK10+680	4	8	16	16	4	8	16	5	—	1	—
	15	ZK10+686	—	—	—	—	—	8	16	—	—	—	—

续表

隧道	序号	断面里程	监测项目的测点数量										
			初期支护水压力	围岩和初期支护接触压力	锚杆轴力	钢支撑轴力	二次衬砌水压力	初期支护和二次衬砌接触压力	二次衬砌内力	二次衬砌表面应变	地震	位移	水位
右主洞隧道	16	ZK11+050	—	—	—	—	—	—	16	—	—	—	—
	17	ZK11+295	—	—	—	—	—	8	16	—	—	—	—
	18	ZK11+300	—	—	—	—	—	8	16	—	—	1	—
	19	ZK11+305	—	—	—	—	—	8	16	—	—	—	—

2) 主要传感器

初期支护的监测项目包括初期支护水压力、锚杆轴力、围岩和初期支护接触压力和钢支撑(格栅)内力等。其中,初期支护水压力采用 PWS 渗压计测量围岩和初期支护接触压力采用 TPC 压力计测量;锚杆轴力和钢支撑(格栅)内力采用光纤光栅应变传感器测量。二次衬砌的监测项目包括二次衬砌水压力、初期支护和二次衬砌接触压力、混凝土表面应变和二次衬砌内力等。其中,二次衬砌水压力采用 PWS 渗压计测量;初期支护和二次衬砌接触压力采用 TPC 压力计测量;混凝土表面应变和二次衬砌内力采用光纤光栅应变传感器测量,并配置相关软件系统,实现隧道结构的智能化监控。所有仪器数量及型号如表 3-16 所示。

表 3-16　所有仪器数量及型号

序号	仪器及设备	型号	单位	数量	备注
1	渗压计	PWS	支	24	施工期安装
2	压力传感器	TPC	支	112	施工期安装
3	位移采集设备	JM	套	2	隧道建成后安装
4	水位采集设备	NIVOLICWL	套	1	隧道建成后安装
5	地震加速度传感器	AC-63	支	1	隧道建成后安装
6	光纤光栅锚杆内力应变计	GSYC-T2	支	32	施工期安装
7	光纤光栅钢支撑内力应变计	GSYC-T1	支	32	施工期安装
8	光纤光栅混凝土内力应变计	GSYC-T3	支	304	施工期安装
9	光纤光栅混凝土表面应变计	GSYC-T	支	10	隧道建成后安装
10	便携式频率读数仪	MB-6TL	台	2	—

续表

序号	仪器及设备	型号	单位	数量	备注
11	远程终端单元(RTU)	DT515	套	6	后期逐步实现
12	地震加速度采集单元	GSR-18	台	1	隧道建成后安装
13	便携式光纤光栅解调仪	—	台	2	—
14	光纤光栅解调仪	BGM	台	2	—
15	光电转换模块	—	个	6	采集调试过程中安装
16	光纤接续盒	—	个	4	光纤光栅组网后安装
17	电缆箱	—	个	31	监测断面预埋
18	屏蔽电缆	—	m	约15000	—
19	4 芯光缆	—	m	约25000	—
20	20 芯光缆	—	m	1340	—
21	60 芯光缆	—	m	2520	—
22	144 芯光缆	—	m	约4600	—
23	PVC 线管	—	m	约20000	—

3) 监测系统的组成

监测系统涉及的传感器包括进口振弦式传感器、电解质式角位移传感器、三向加速度传感器和国产高性能光纤光栅传感器,四类传感器有各自独立的数据采集设备,因此数据采集系统无论是硬件、软件,还是数据库管理,要求都高,并需要将四类传感器数据在系统中集中处理,便于对数据分析,以判断隧道结构稳定性情况。

用于孔隙水压力观测的渗压计、用于围岩接触压力和初期支护与二次支护接触压力观测的压力传感器、用于隧道收敛观测的位移传感器和用于水位监测的水位计均采用振弦式传感器,用于隧道收敛观测的角位移传感器采用电解质式角位移传感器,采集设备选用澳大利亚 dataTaker 公司的智能数据采集器。将振弦式传感器与电解质式角位移传感器进行组网监测,组网方案(图 3-33)如下:

(1) 安装在左主洞隧道和服务隧道的 8#行人横道的远程采集单元 Z-RTU1、Z-RTU2 和 N-RTU 及左主洞隧道 6#行人横道的 Z-RTU3 通过 RS-485 接口组网,再通过 Z-RTU1 的 RS-232 接口与光纤数据收发器交换数据,最后接入左主洞隧道预留的光缆传输到五通端监控中心。

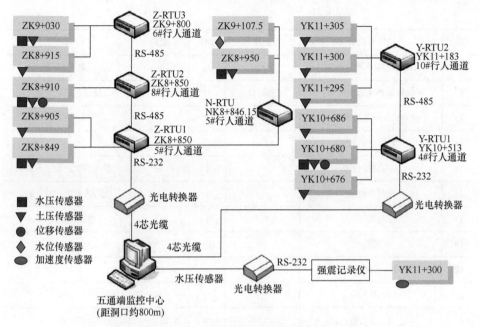

图 3-33　振弦式传感器组网示意图

(2) 安装在右主洞隧道的 4#行人通道的远程采集单元 Y-RTU1 和 10#行人通道的 Y-RTU2 通过 RS-485 接口组网,再通过 Y-RTU1 的 RS-232 接口与光纤数据收发器交换数据,最后接入右主洞隧道预留的光缆传输到五通端监控中心。

(3) 加速度传感器接入 GSR-18 型强震记录仪,再通过数据记录仪上的 RS-232 接口与光纤数据收发器交换数据,最后通过右主洞隧道预留的光缆传输到五通端监控中心。

将光纤光栅传感器进行组网监测,各断面仪器埋设完毕后,将预留在预埋箱中的信号光纤组网接入相应位置的信号接续盒,接入总接续盒后,通过主通信光缆接入五通端监控中心(距五通端洞口约 800m),如图 3-34 所示。光纤光栅传感器组网方案如下:

(1) 左主洞隧道中 ZK7+050、ZK7+152、ZK8+283、ZK8+850、ZK8+910 五断面的信号光缆分别通过 4 芯光缆接入位于 ZK8+283 断面处的接续盒,然后通过 40 芯光缆接入位于 ZK8+910 断面处的分总接续盒。ZK8+915、ZK9+030、ZK10+188 三断面信号光缆分别通过 4 芯光缆接入位于 ZK8+910 断面处的分总接续盒,ZK8+910 断面由于埋设的光纤光栅传感器数量较多,信号光缆通过 40 芯光缆接入位于 ZK8+910 断面处的分总接续盒。分总接续盒通过 60 芯光缆接入位于 YK8+858 里程的总接续盒。

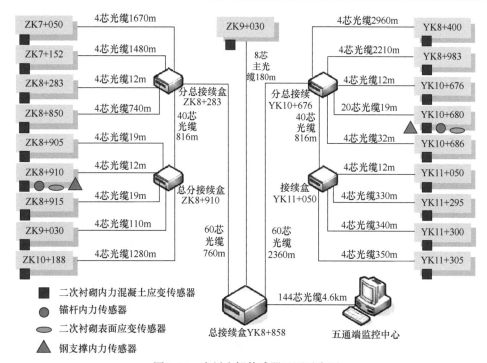

图 3-34　光纤光栅传感器组网示意图

(2) 右主洞隧道中 YK11+050、YK11+295、YK11+300、YK11+305 四个断面的信号光纤分别通过 4 芯光缆接入位于 YK11+050 断面处的接续盒，然后通过 40 芯光缆接入位于 YK11+050 断面处的分总接续盒中。YK8+400、YK8+983、YK10+676、YK10+686 四个断面的信号光纤分别通过 4 芯光缆接入位于 YK10+676 断面处的分总接续盒，YK10+680 断面由于埋设的光纤光栅传感器数量较多，信号光缆通过 20 芯光缆接入位于 YK10+676 断面处的分总接续盒。分总接续盒通过 60 芯光缆接入位于 YK8+858 里程的总接续盒。

(3) 服务隧道中位于 NK8+950 断面处的信号光缆通过 8 芯主光缆直接接入位于 YK8+858 里程的总接续盒。总接续盒通过 144 芯主干光缆接入五通端监控中心的数据采集仪中。

3. 健康监测成效

厦门翔安海底隧道工程钢筋腐蚀监测系统是我国首次建立的大规模钢筋腐蚀监测系统，该系统在混凝土浇筑完成之后开始进行监测，数据每年采集一次，由图 3-35 可以发现，隧道监测区域没有明显的腐蚀[13]。

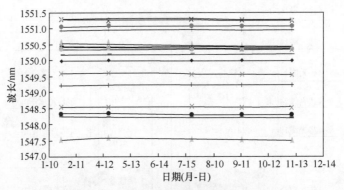

图 3-35　光纤光栅腐蚀传感器测试结果
不同线型代表不同位置传感器

3.3.2　青岛胶州湾海底隧道

1. 工程概况

青岛胶州湾海底隧道是青岛市规划"南隧北桥"中的"南隧",是胶州湾海底隧道和快速路三期的重要纽带[13],如图 3-36 所示。青岛胶州湾海底隧道青岛端接线工程,南起胶州湾湾口海底隧道青岛端终点,以上下行分离式双洞隧道形式分别沿四川路、云南路向北延伸,在东平路口北侧出地面后,于山西路路口上方合流后接入快速路三期工程。台西三路进口匝道洞口位于青岛市邮电局车辆修配厂东侧 35m 左右的位置,沿东南方向与四川路主隧道合流。云南路主隧道均为单向三车道,团岛二路匝道为双车道。

图 3-36　青岛胶州湾海底隧道

云南路主隧道起点里程 ZK1+095.98,分界点里程 ZK2+755,长 1659m,净宽 13.5m,团岛二路出口匝道为双车道,净宽 9.5m,起点 AK0+243,终点 K0+755,其中隧道部分长 340m,地道部分长 172m,ZK2+260 处车行横通道长约 119m。隧道经过云南路、四川路、团岛一路、团岛路,处于建成区内,周边军用、民用设施众多,管线密布。隧址区建筑物以多层建筑为主,局部分布有高层建筑,建

筑物基础持力层主要为粉质黏土、基岩，部分地段为强夯地基；基础埋深一般为
1.5～2m，部分高层埋深为 5～6m[14]。地下管线种类众多，据调查和了解，管线
主要为自来水、雨水、污水、煤气、电力、网通、邮电、部队专线，埋深一般小
于 3m。地质勘查揭示沿线地层从上至下共有 8 个标准层，7 个亚层。青岛胶州湾
海底隧道横断面如图 3-37 所示。

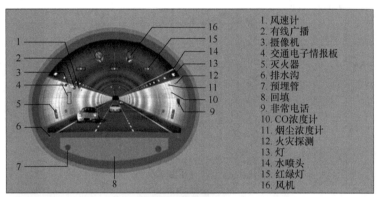

1. 风速计
2. 有线广播
3. 摄像机
4. 交通电子情报板
5. 灭火器
6. 排水沟
7. 预埋管
8. 回填
9. 非常电话
10. CO 浓度计
11. 烟尘浓度计
12. 火灾探测
13. 灯
14. 水喷头
15. 红绿灯
16. 风机

(a) 横断面布置效果图

隧道主要技术标准：

(1) 设计基准期为 100 年；

(2) 使用功能为城市道路；

(3) 线路等级为城市快速路；

(4) 设计车速为 80km/h；

(5) 车道数为双向六车道；

(6) 限界高度为 5m；

(7) 行车道宽度为 2×3.5m+3.75m

(b) 洞内效果图

图 3-37　青岛胶州湾海底隧道横断面

2. 健康监测系统设计

1) 健康监测项目

在采用浅埋暗挖法施工的过程中，不可避免地导致沿线的地层扰动和土体损失[15]，
影响范围内的地表及其下伏围岩产生变形，因此施工监测是十分有必要的。施工监测
有助于预报、预测隧道结构的稳定性，有针对性地优化施工工艺和施工参数[16]。

施工过程中需要对隧道周围的地表环境、围岩变形、围岩与结构的相互作用、
爆破振动的影响等项目进行监测，主要监测项目如表 3-17 所示。

表 3-17 大断面、小间距监测项目

序号	监测项目	监测仪器	测点布设	监测频率	
1	围岩及支护状态观察	目测记录、必要的辅助工具	每个断面	开挖后立即进行	
2	初期支护和围岩接触应力、初期支护和二次衬砌接触应力、二次衬砌混凝土应变	混凝土应变计、钢弦式压力计、振弦式频率仪	每个地段布置一个断面,每个断面布置 5 个测点(测点沿隧道拱顶、拱腰及边墙分布)	1～15 天	1～2 次/天
				16 天/月	1 次/2 天
				1～3 个月	1～2 次/周
				3 个月	1～3 次/月
3	钢拱架内力	钢筋计、振弦式频率仪	每个地段布置一个断面,每个断面布置 5 个测点(测点沿隧道拱顶、拱腰及边墙分布)	1～15 天	1～2 次/天
				16 天/月	1 次/2 天
				1～3 个月	1～2 次/周
				3 个月	1～3 次/月
4	爆破振动的影响	UBOX-5016 爆破振动智能监测仪	沿离爆破最近房屋墙角进行全程监测,将爆破参数提供给施工单位,以便调整参数,保证施工安全	爆破时监测	

2) 传感器

根据监测内容,需要用到的传感器有 XYJ-2 型钢弦式压力计、混凝土应变计、CL-XZ-B 型钢筋计、ZX-100T 振弦式频率仪、UBOX-5016 爆破振动智能监测仪。

3.3.3 九华山隧道

1. 工程概况

九华山隧道工程主线全长 2.8km,均处在地貌起伏变化大、断裂构造和地层结构较为复杂的地段。整个隧道分为湖底明挖段(以下简称湖底段)和山体暗挖段(以下简称山体段)两部分[17]。

九华山隧道暗挖段采用浅埋暗挖法、喷锚构筑法设计和施工,为复合式衬砌结构,由外层初期支护(锚杆、钢筋网、钢架及喷射混凝土)和内层二次衬砌(模筑钢筋混凝土)组成。九华山隧道明挖段位于玄武湖湖底,采用钢筋混凝土折板拱箱涵形式,为超长混凝土结构。沿隧道长度方向每 60m 设一条变形缝,两条变形缝间设三条施工缝,隧道在地层、结构刚度、地形突变的位置适当增设结构变形缝。隧道地板下设钻孔灌注桩,解决抗浮和整体稳定性问题。

处于暗挖段的九华山山体地质条件较差,且周围环境复杂。在运营阶段,由于强降水等,容易发生围岩失稳,可能导致隧道结构的损伤。同时,在明挖段超长混凝土结构中,混凝土材料收缩、徐变、温差以及地基的不均匀沉降等,可能造成局部混凝土开裂,导致隧道出现渗漏,影响其正常的运营[18]。

为此,九华山隧道管养单位采用分布式 FBG 传感技术,建立了隧道主体结构的变形监测系统，对运营期内主体结构的"健康"状态进行离线监测，为隧道的维护管养提供了必要的科学依据。

2. 健康监测系统设计

1) 健康监测项目

主体结构健康监测包括混凝土应变监测与变形缝位移监测两部分。

2) 健康监测断面

根据山体段地质条件，选取两个控制断面作为混凝土应变监测断面，分别为山体断层下 K5+478 里程断面与山体段中部 K5+506 里程断面；选取两个控制断面作为山体段变形缝位移监测断面，分别为山体段与湖底段交界 K5+748 里程断面和山体段中部 K5+493 里程断面。

根据湖底段钢筋混凝土折板拱结构受力分析结果，选取一个控制断面作为湖底段混凝土应变监测断面，为 8 车道最大截面弯矩所在的 K7+200 里程断面；选取两个标准控制断面作为湖底段变形缝位移监测断面，分别为 K7+195 里程断面和 K6+420 里程断面。

3) 传感器布设

山体段两个衬砌混凝土应变监测断面分别设置 7 个光纤光栅表面式应变计，同时设置 5 个光纤光栅温度传感器用于温度监测与应变传感器的温度补偿。光纤光栅传感器依次布设在两侧洞室内及中间电缆通道顶板内侧，其中应变传感器沿截面主应力方向布设。以 K5+478 里程断面为例，光纤光栅传感器布设示意图如图 3-38 所示。

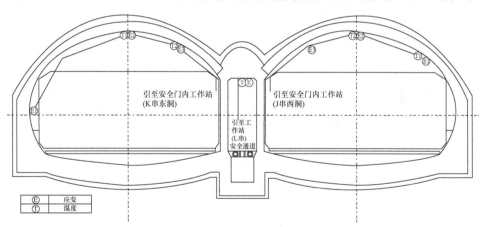

图 3-38　K5+478 里程断面光纤光栅传感器布设示意图

山体段 K5+748 断面共设置 3 个光纤光栅位移计和 3 个光纤光栅温度计，依次布设在两侧行车洞室及中间电缆通道的顶板内侧，光纤光栅位移计垂直于变形缝，跨越其两侧，固定于混凝土表面。K5+493 断面共设置 2 个光纤光栅位移计和 2 个光纤光栅温度计,分别布置在电缆通道的顶板内侧与侧墙的内侧。图3-39以K5+748里程断面为例,绘出了山体段变形缝监测断面光纤光栅传感器布设示意图。

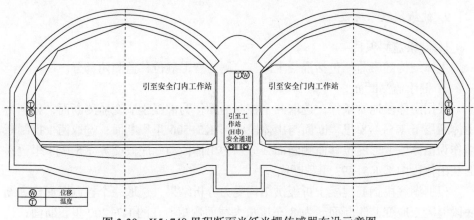

图 3-39　K5+748 里程断面光纤光栅传感器布设示意图

湖底段折板拱混凝土应力监测断面 K7+195 共布设 9 个光纤光栅表面式应变计和 6 个光纤光栅温度计,分别布设在两侧洞室顶板及电缆通道顶板内侧,其中光纤光栅表面式应变计沿截面主应力方向布设,图 3-40 为该监测断面的传感器布设示意图。湖底段变形缝监测断面 K7+200 与 K6+420 分别设置 2 个光纤光栅位移计与 2 个光纤光栅温度计,均布设在中间电缆通道顶板和侧墙内侧,并跨越变形缝两侧,图 3-41 为 K7+200 里程断面的传感器布设示意图。

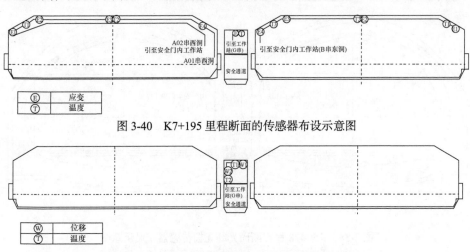

图 3-40　K7+195 里程断面的传感器布设示意图

图 3-41　K7+200 里程断面的传感器布设示意图

各监测断面上的光纤光栅传感器依次级联并就近引至消防通道内,可以实现数据采集及对隧道主体结构控制断面"健康"状态的监测。

3. 健康监测成效

九华山隧道于 2005 年 9 月 30 日通车试运营，管养单位根据 FBG 分布式传感技术，建立了九华山隧道离线长期变形监测系统，对主体结构健康状态数据进行定期采集。监测结果表明，各监测断面在一年运营期内，应变及位移均在安全阈值内。

在 2005 年 12 月至 2006 年 12 月的监测数据中，监测断面混凝土衬砌的应变增量、山体段监测断面伸缩缝位移、湖底段东洞混凝土折板拱应变增量和 8 车道监测断面伸缩缝位移均呈现周期性变化规律，如图 3-42～图 3-45 所示。

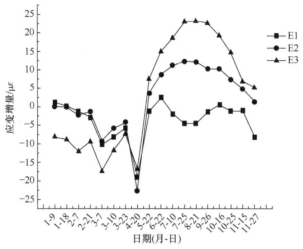

图 3-42　监测断面混凝土衬砌的应变增量
E 代表东侧

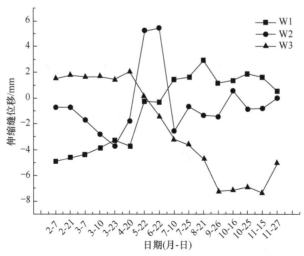

图 3-43　山体段监测断面伸缩缝位移
W 代表西侧

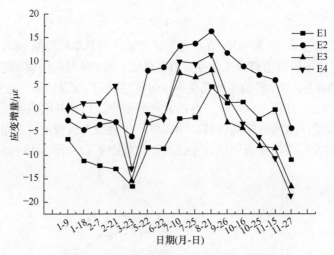

图 3-44　湖底段东洞混凝土折板拱应变增量

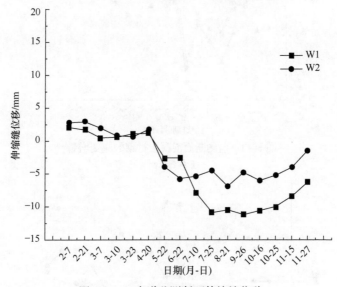

图 3-45　8 车道监测断面伸缩缝位移

3.4　堰筑法水下隧道

3.4.1　玄武湖隧道

1. 工程概况

玄武湖隧道位于南京市玄武区，西起模范马路，东至新庄立交，全长约 2.7km，其中暗埋段为 2.2km，总宽度为 32m，为双向六车道，单洞净宽为 13.6m，通行净高为 4.5m。玄武湖隧道平面图如图 3-46 所示。隧道穿过玄武湖、明城墙和中央路，到达芦席营路口后在南京工业大学附近出地面。玄武湖隧道的修建缓解了环玄武湖路段与接线道路节点的交通压力，同时增加了城市东西部地区的交通联系[19]。

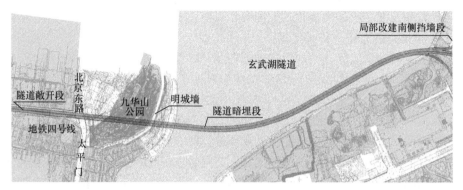

图 3-46　玄武湖隧道平面图

玄武湖隧道东西向工程于 2001 年 11 月开工建设，2002 年 12 月 28 日全面竣工，2003 年 5 月 1 日正式全线通车。隧道每小时可通行 7000 余辆机动车，玄武湖隧道总投资为 8.37 亿元人民币，是南京市规划"经五纬八"路网的重要组成部分，也是南京市市政工程建设史上工程规模最大、建设标准最高、项目投资最多、技术工艺最为复杂的现代化大型隧道工程。隧道道路设计为双向六车道，总建筑面积约 6.3 万 m²(不计敞开段和光过渡段)。隧道全长均为明挖法施工，采用钢筋混凝土结构，顶板厚度为 0.5～1m，底板、侧墙厚度均为 1m，如图 3-47 所示。

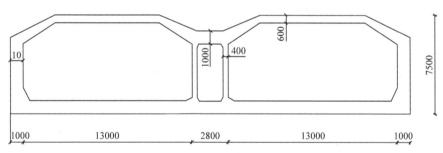

图 3-47　玄武湖隧道结构断面图(单位：mm)

2. 健康监测系统设计

1) 健康监测项目

为了解玄武湖隧道结构在使用过程中随外界温度的变化情况、箱体混凝土伸缩缝附近的变形情况、混凝土强度的变化情况，2012 年 5 月至 2014 年 5 月，在隧道通车接近 10 年之际，对营运阶段隧道沉降、周围环境及隧道内的温度、伸缩缝处的变形、隧道混凝土强度等进行了监测。目的是检验设计方案的科学性，监控隧道结构在运营期间的安全，为后期类似工程提供参考，同时也为城市隧道混凝土结构耐久性提供实测基础资料。因此，在隧道营运阶段进行沉降、伸缩缝处的变形监测及混凝土强度变化的监测等，具有重要意义。

2) 监测点的布置原则及实施

监测点的布置应能够全面反映隧道箱涵伸缩缝两侧主体混凝土裂缝对混凝土的损伤程度。测点选设在下列位置：①伸缩缝及施工缝处，沿隧道纵向两侧；②隧道结构刚度有重大变化等交接处的两侧；③隧道裂缝、沉降缝、后浇带两侧、基础埋深相差悬殊处、陆地段与湖中段接壤处、不同结构的分界处及填挖方分界处。

隧道周围及隧道内温度监测按常规要求监测，伸缩缝处的变形采用游标卡尺测量，沉降采用全站仪测量，隧道主体混凝土强度监测采用回弹法和超声波法监测。

按照以上原则，隧道的温度、伸缩缝处的变形和混凝土强度损伤监测主要考虑隧道标准段箱涵接缝的 K0+815 及 K0+320 两处。第一次监测为 2012 年 5 月 18 日，最后一次为 2014 年 4 月 18 日，期间每月 18 号监测 1 次，共施测 24 次。

纵向变形观测点布置在纵向伸缩缝处，取两个典型断面(K0+815 和 K0+320)，每个断面设 4 个测点，施工缝(K0+830 左右)设 3 个测点。测点采用在隧道墙体上伸缩缝两侧布置螺栓，然后在螺栓上焊角钢或小钢片的方法实施。选用游标卡尺测量两螺栓之间的距离，精度为 0.1mm。对隧道的沉降监测采用全站仪，从 K0−175 至 K1+715 选择 14 个断面，每个断面分别于两侧墙布置 8 个沉降监测点。从 2012 年 5 月 18 日进行第一次监测，最后一次为 2014 年 4 月 18 日，期间每月 18 号监测 1 次，共进行 24 次监测。

3. 健康监测成效

监测结果显示，隧道运营期间纵向变形稳定，没有明显伸缩变形发生。隧道内部情况也表明，没有明显渗水的现象。同时，隧道的沉降较小，不会对结构造成损伤，属于安全可控范围。而环境温度对结构的影响客观存在，温差越大，变形缝宽度开展速度越大。以上结果说明，对于隧道施工期和运营期的参数监测，有助于优化施工工艺和施工参数，同时了解各个阶段隧道的参数变化。

3.4.2 独墅湖隧道

1. 工程概况

苏州市南环快速路东延隧道工程(简称独墅湖隧道)全长 3.5km，为双向六车道城市快速路，采用明挖法施工。独墅湖隧道西起东南环立交，下穿苏嘉杭高速公路桥，以高架形式向东连续跨越通园路、星港街、通达路，在苏州工业园区高尔夫球场西南侧落地继而下穿，以隧道形式穿越独墅湖、星湖街后接地面道路。

独墅湖隧道主体结构荷载等级为城–A 级，抗震按 6 度设防。设计常水位 +1.12m(黄海高程)，高水位+2.92m(黄海高程)；结构设计使用年限为 100a，所处的环境类别为二(a)类；工程防洪标准设计重现期为 100 年。

独墅湖隧道结构每 60m 设一道变形缝，以适应纵向变形的要求，两条变形缝间设三条施工缝，在地层、结构刚度、地形突变处适当增设变形缝。隧道采用跳仓施工，以降低混凝土早期干缩的不利影响。隧道的防水等级采用略高于二级标准，局部机电设备集中区域的防水等级为一级，现浇混凝土结构应满足自防水要求。隧道暗埋段采用两孔一管箱涵结构，底板下设置钻孔灌注桩，保证结构的抗浮与整体稳定，桩长为 18~25m。敞开段采用 U 形结构，底部设抗拔桩抗浮。隧道暗埋段主体结构标准断面采用两孔一管廊的形式[20]，如图 3-48 所示。

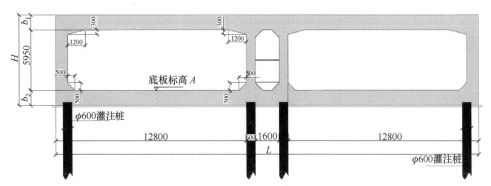

图 3-48　独墅湖隧道暗埋段主体结构标准断面示意图(单位：mm)

2. 健康监测系统设计

1) 健康监测项目

明挖法隧道采用现浇钢筋混凝土结构形式，结构的完整性与工程质量比地下暗挖法隧道更易于控制，并且现浇混凝土通常具有自防水功能，但是渗漏仍然是这类工程最主要的顽疾之一。因此，本书通过现场实测与理论研究比较，确定隧道主体在水压力荷载、土压力荷载、不均匀沉降等因素作用下的结构状态、结构受力和变形规律，找出存在隧道渗漏隐患的薄弱环节，为隧道的维护和保养提供依据[20]。

2) 健康监测断面的选取及传感器的布设

K5+860、K5+570、K5+060 等三处典型结构断面分别为跨度最大截面、标准截面、隧道最低点位置所在截面。每断面上对称布置光纤光栅钢筋计和光纤光栅温度传感器各 8 只，即每侧 4 支光纤光栅钢筋计、4 支光纤光栅温度传感器，一支光纤光栅钢筋计与一支光纤光栅温度传感器布置在一起。所有光纤光栅钢筋计两端焊接在主筋内侧表面，光纤光栅温度传感器均绑扎固定在钢筋上，一起穿入预留金属线管内，伸出混凝土后，进入管廊上半部。8 支传感器的两端共 16 根光纤彼此首尾相连，接入通信光缆中光纤的芯端，引至湖东变电所。以 K5+860 断面为例，绘出了监测断面传感器布置示意图，如图 3-49 所示。K5+570 断面和 K5+060 断面的传感器布置方式与 K5+860 断面相同。

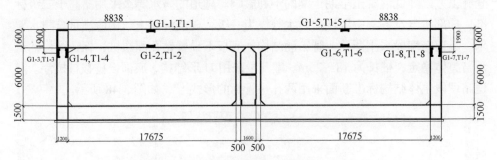

图 3-49　K5+860 断面传感器布置示意图(单位：mm)
G 代表光纤光栅钢筋计；T 代表光纤光栅温度传感器

浇筑混凝土前测量各传感器初值，浇筑完成达到一定龄期后，测量各传感器读数，为自重荷载作用下结构的响应；回土、回水后测量各传感器读数，为结构在土压力、水压力、自重荷载工况共同作用下的响应。

隧道长达 3.5km，填土荷载较大，跨越的工程地质条件较复杂，主体结构可能产生不均匀沉降，需要在分析沉降观测数据的基础上，从理论角度确定不均匀沉降对结构的附加作用。穿越独墅湖段设 14 个沉降观测断面，计 56 点，其中包括 K5+060、K5+860 与 K5+570 等 3 个断面；出地面段设 4 个观测断面，计 16 点；匝道设 4 个观测断面，计 16 点；雨水泵房设 8 个观测点。各测点的安装采用螺栓式永久标志。

参 考 文 献

[1] 刘胜春, 张顶立, 黄俊, 等. 大型盾构隧道结构健康监测系统设计研究[J]. 地下空间与工程学报, 2011, 7(4): 741-748.

[2] 王军, 张巍. 南京长江隧道管片结构健康监测系统设计与应用[J]. 地下工程与隧道, 2009, (3): 5-8, 13.

[3] 黄俊. 水底大直径盾构隧道健康监测系统研究与应用[D]. 北京: 北京交通大学, 2013.

[4] 傅道兴, 王涛. 南京长江隧道结构健康监测系统研究与应用[J]. 南京工程学院学报(自然科学版), 2016, 14(4): 22-27.

[5] 李晓军, 洪弼宸, 杨志豪. 盾构隧道结构健康监测系统设计及若干关键问题的探讨[J]. 现代

隧道技术, 2017, 54(1): 17-23.

[6] 陈卫忠, 李长俊, 曾灿军, 等. 大型水下盾构隧道结构健康监测系统的构建与应用[J]. 岩石力学与工程学报, 2018, 37(1): 13.

[7] 舒恒, 吴树元, 李健, 等. 超大直径水下盾构隧道健康监测设计研究[J]. 现代隧道技术, 2015, 52(4): 32-41.

[8] 周永川. 港珠澳大桥结构健康监测系统总体设计及应用[J]. 中国交通信息化, 2012, (10): 71-73.

[9] 刘正根, 黄宏伟, 赵永辉, 等. 沉管隧道实时健康监测系统[J]. 地下空间与工程学报, 2008, 4(6): 1110-1115.

[10] 黄明华. 甬江水底隧道运行性能分析与健康监测系统设计实现[D]. 哈尔滨: 哈尔滨工业大学, 2008.

[11] 雷鹰, 郑焘鹏. 厦门翔安海底隧道的若干结构监测技术[C]. 第 24 届全国结构工程学术会议, 厦门, 2015: 46-62.

[12] 刘洋. 厦门海底隧道健康监测与安全评估系统的研究[D]. 厦门: 华侨大学, 2009.

[13] 雷鹰, 郑焘鹏. 厦门翔安海底隧道钢筋腐蚀监测技术[J]. 工程力学, 2016, 33(5): 1-10.

[14] 向亮. 城市浅埋硬岩大跨隧道开挖爆破振动监控研究[D]. 成都: 西南交通大学, 2009.

[15] 高海东. 钻爆法修建海底公路隧道施工关键技术[J]. 铁道标准设计, 2010, (3): 108-112.

[16] 张俊兵, 郑保才, 于海涛, 等. 浅埋大跨隧道穿越楼群控制爆破及监测分析[J]. 铁道工程学报, 2011, (7): 78-82, 98.

[17] 田力. 南京玄武湖隧道运营监测及现状分析[J]. 城市建设理论研究(电子版), 2015, (35): 1615.

[18] 王霆, 周正康, 徐玉桂. 南京九华山隧道主体结构变形分布式光纤监测技术应用[J]. 地下工程与隧道, 2008, (3): 45-48.

[19] 张晓, 赵岩, 马林建. 玄武湖隧道正常使用阶段结构温度变形监测[J]. 山西建筑, 2009, 35(30): 317-318.

[20] 邵可. 苏州独墅湖隧道基坑工程设计概述[J]. 地下工程与隧道, 2008, (3): 60-63.

第4章 水下隧道结构健康监测系统的维护

在水下隧道结构健康监测系统长期运营中，系统外部环境的变化、器材老化或偶然损坏等，使水下隧道结构健康监测系统的传感器、数据传输、数据存储与管理等任一子系统可能发生故障，导致监测数据产生误差或缺失，影响监测成果的可靠性。随着水下隧道结构健康监测系统服务时间的延长，当各种系统故障逐渐累积，超过系统的设计冗余度时，最终会威胁到水下隧道结构健康监测系统整体的服务性能，导致监测系统达不到预期的服务年限。因此，必须采取有效的养护措施手段，建立可靠的养护工作管理制度，保障水下隧道结构健康监测系统长期可靠运行。本章基于运营水下隧道结构健康监测系统的排查工作，分析运营水下隧道结构健康监测系统的现状，揭示传感器模块的故障分布特性，阐明水下隧道结构健康监测系统管理养护的必要性，建立水下隧道结构健康监测系统的养护和管理体系，从而提高水下隧道结构健康监测系统的可靠性和长期稳定性。

4.1 水下隧道结构健康监测系统运行中存在的问题

4.1.1 南京应天大街长江隧道结构健康监测系统

1. 系统概况

南京应天大街长江隧道结构健康监测系统[1, 2]于2008年5月与南京应天大街长江隧道施工同步安装，并于2010年5月与隧道同步竣工使用。原系统共布置了6个监测断面，分别位于LK3+759(JK2，左线起始80环)、LK5+199(JK4，左线起始796环)、LK6+322(JK6，左线起始1362环)、RK4+425(JK1，右线起始414环)、RK6+082(JK3，右线起始1242环)与RK6+610(JK5，右线起始1506环)，具体布置如图4-1所示。

南京应天大街长江隧道原结构健康监测系统主要关注管片结构受力、螺栓受力、接缝位移及管片腐蚀。每个监测断面(监测环)传感器布设基本一致，包含10块管片，每块管片预埋土压计1个、渗压计1个、环向钢筋计1对(内、外侧各1个)、环向混凝土应变计1对(内、外侧各1个)，另外在F块、B4块额外布设轴向钢筋计1对(内、外侧各1个)、轴向混凝土应变计1对(内、外侧各1个)。

每个断面光纤光栅传感器共计123个，振弦式传感器(渗压计、土压计)20个，

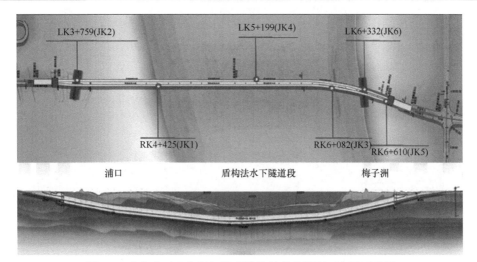

图 4-1　南京应天大街长江隧道结构健康监测断面布置示意图

其中断面 LK5+199、RK6+082 上各设一套混凝土腐蚀监测设备。整个监测系统共布设传感器 862 只，其中包含光纤光栅传感器 738 个、振弦式传感器 120 个(土压计、渗压计各 60 个)以及腐蚀传感器 4 套。光纤光栅传感器通过 6 台 MOI 光纤量解调仪(sm125)采集数据，振弦式传感器通过 6 台北京基康测量单元(BGK-Micro-40)采集数据[3]。

监测系统采用了包括上海紫珊、北京基康、武汉长飞、S+R SensortecGmbH 等国内外 14 个生产厂家的仪器，其中光纤光栅解调仪采用美国 MOI 公司生产的 MOI 光纤量解调仪(sm125)。

监测断面现场情况如图 4-2 所示，南京应天大街长江隧道结构健康监测系统和传感器光谱图如图 4-3 和图 4-4 所示。监测系统使用及维护时发现以下问题：①监测项目存在部分缺项，部分传感器已经损坏或失效，导致监测系统在线监测的功能大幅度下降；②监测系统相关采集、通信设备老化，导致监测系统通信不稳定，存储功能不足。因此，在 2017 年南京长江隧道有限责任公司对该系统进行了全面排查。

(a) 断面指示牌　　　　(b) 测量单元　　　　(c) 传输光纤　　　　(d) 集线盒

图 4-2　监测断面现场情况

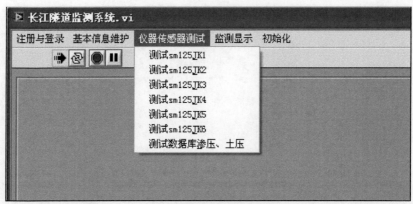

图 4-3　南京应天大街长江隧道结构健康监测系统

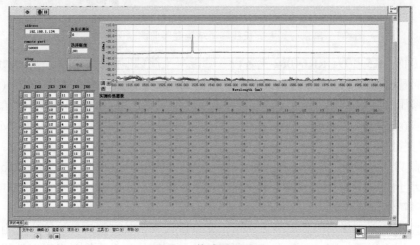

图 4-4　传感器光谱图

2. 故障排查流程

南京应天大街长江隧道结构健康监测系统故障排查项目组成立后，按以下流程开展排查工作。

(1) 收集监测系统的施工图及竣工图等基础资料，分析监测系统的构成。

(2) 项目组进行监控中心软件系统实地调查、监测断面仪器布置及光缆敷设实地调查，同步开展监测系统运营报告数据对比分析。

(3) 进行监测系统软件及硬件排查，主要包括监测系统用户界面排查；光纤传感器光谱图排查；振弦式传感器排查；光纤光栅解调仪、工控机及接线、网线等设备状态排查；光缆传输路径补充排查；传感器布设、接线盒、BGK 接收器及接线等设备状况现场复查。

(4) 资料分析、整理，相关指标的补充测试及复查，完成《南京长江隧道结构健康监测系统运行状况分析报告》。

3. 排查结果

1) 历史资料分析

项目组根据南京应天大街长江隧道结构健康监测系统施工图设计文件、竣工图文件及《隧道结构健康监测工程运营期报告》(2010 年 5 月至 2015 年 12 月)等开展了初步分析。自监测系统开始运行以来,部分传感器逐步出现读数异常的情况,主要包括以下三种。

(1) 运行初期传感器数据丢失:根据历史资料分析,监测系统投入使用时,部分传感器无法连接至数据采集设备,共计 39 个光纤传感器,该部分传感器无数据,基本判断为传感器安装未成活。

(2) 运行过程中传感器数据零星丢失:在监测系统运行过程中,部分传感器出现能量过小、波长小等问题。考虑到监测系统传感器布设后检修困难,基本判断该部分传感器损坏,根据上述资料,2012 年 5 月统计时,此类传感器共计 12 个。

(3) 运行过程中传感器数据集中丢失:在监测系统运行过程中,某监测断面位置同类传感器同时无法采集数据。这种情况初步判断数据采集通道出现异常,导致与该通道相连的传感器同时失去数据,需在后续的监测中重点关注。

由监测系统运营期报告数据分析可得,传感器在服役过程中逐渐出现数据采集故障。考虑到监测系统采用的传感器大部分为埋入式光纤光栅传感器,环境条件较为稳定,而通常光纤光栅传感器寿命均在 10 年以上,因此监测系统除了排查关注传感器的状况,还应重点分析传输线路、数据采集设备的工作状况。

2) 监测系统实时读数分析

项目组采用已建立的监测系统软件平台对各类传感器实时读数情况进行了统计分析,发现 6 个断面、60 组检测数据均不同程度出现读数异常现象,传感器状态统计如表 4-1 所示。

表 4-1　传感器状态统计　　　　　　　　　　(单位: 个)

断面号	读数情况	钢筋计	埋入式应变计	温度传感器	螺栓应变计	螺栓温度计	位移计	渗压计	土压力计	合计
RK4+425(JK1)	异常	24	24	10	30	15	20	0	0	123
	超警异常	0	0	0	0	0	0	0	0	0
	正常	0	0	0	0	0	0	10	10	20

断面号	读数情况	钢筋计	埋入式应变计	温度传感器	螺栓应变计	螺栓温度计	位移计	渗压计	土压力计	合计
LK3+759(JK2)	异常	12	10	4	18	9	9	2	7	71
	超警异常	5	1	3	2	2	1	0	0	14
	正常	7	13	3	10	4	10	8	3	58
RK6+082(JK3)	异常	13	18	9	10	7	5	0	0	62
	超警异常	1	0	0	0	3	1	8	8	21
	正常	10	6	1	20	5	14	2	2	60
LK5+199(JK4) 江中深水区	异常	24	24	10	30	15	20	2	10	135
	超警异常	0	0	0	0	0	0	7	0	7
	正常	0	0	0	0	0	0	1	0	1
RK6+610(JK5) 长江北岸	异常	19	20	6	24	11	14	0	3	97
	超警异常	2	0	2	0	0	2	0	0	6
	正常	3	4	2	6	4	4	10	7	40
LK6+332(JK6) 长江北岸隧道 变坡段	异常	24	24	10	30	15	17	5	10	135
	超警异常	0	0	0	0	0	0	3	5	8
	正常	0	0	0	0	0	0	0	0	0

以 JK5 断面 B3 块为例，健康监测读数如图 4-5 所示，检测值一栏显示情况有三种：读数在正常范围内，视为正常；读数为"1111111.000"或"2222222.000"，视为异常；读数超过警戒值，视为超警异常。

通过监测系统软件数据(图 4-6、图 4-7)分析发现：

(1) JK3 断面(RK6+082，北岸)传感器发生异常的数量最少，异常传感器占比 43%；

(2) JK4 断面(LK5+199，江中)、JK6 断面(LK6+332)传感器发生异常的数量最多，异常传感器占比均为 94%；

(3) 总体来看，发生异常的传感器占比 72.61%，超警异常传感器占比 6.53%，正常读数的传感器仅占 20.86%，已经无法准确获取隧道安全状态。

图 4-8 为不同类型传感器异常情况的统计，可以看出，发生异常的钢筋计、埋入式应变计、温度传感器、螺栓应变计、螺栓温度计、位移计等在同类传感器中占比均超过 60%。其中，发生异常概率最高的为埋入式应变计，达到 83%；最低的为渗压计，约 15%。

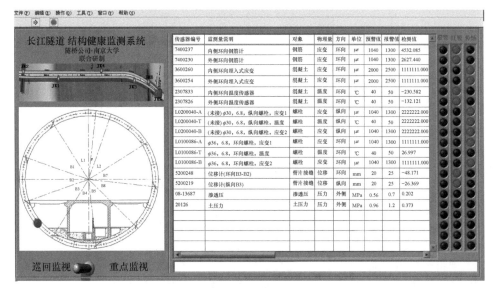

传感器编号	监测量说明	对象	物理量	方向	单位	预警值	报警值	检测值
7400237	内侧环向钢筋计	钢筋	应变	环向	με	1040	1300	4532.085
7400230	外侧环向钢筋计	钢筋	应变	环向	με	1040	1300	2627.440
3600260	内侧环向埋入应变	混凝土	应变	环向	με	2000	2500	1111111.000
3600254	外侧环向埋入式应变	混凝土	应变	环向	με	2000	2500	1111111.000
2307833	内侧环向温度传感器	混凝土	温度	环向	℃	40	50	−230.582
2307826	外侧环向温度传感器	混凝土	温度	环向	℃	40	50	−132.121
L0200040-A	(未接)φ30, 6.8, 纵向螺栓, 应变1	螺栓	应变	纵向	με	1040	1300	2222222.000
L0200040-T	(未接)φ30, 6.8, 纵向螺栓, 温度	螺栓	温度	纵向	℃	40	50	2222222.000
L0200040-B	(未接)φ30, 6.8, 纵向螺栓, 应变2	螺栓	应变	纵向	με	1040	1300	2222222.000
L0100086-A	φ36, 6.8, 环向螺栓, 应变1	螺栓	应变	环向	με	1040	1300	1111111.000
L0100086-T	φ36, 6.8, 环向螺栓, 温度	螺栓	温度	环向	℃	40	50	26.997
L0100086-B	φ36, 6.8, 环向螺栓, 应变2	螺栓	应变	环向	με	1040	1300	1111111.000
5200248	位移计(环向B3-B2)	管片接缝	位移	环向	mm	20	25	−48.171
5200219	位移计(纵向B3)	管片接缝	位移	纵向	mm	20	25	−26.369
08-13687	渗透压	渗透压	压力	外侧	MPa	0.56	0.7	0.202
20126	土压力	土压力	压力	外侧	MPa	0.96	1.2	0.373

图 4-5 JK5 断面 B3 块健康监测读数

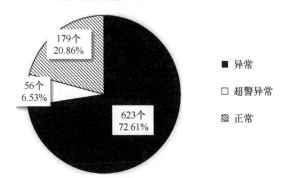

图 4-6 隧道传感器读数状态统计

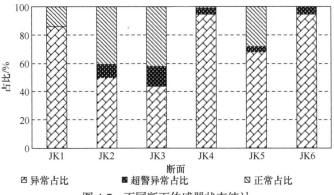

图 4-7 不同断面传感器状态统计

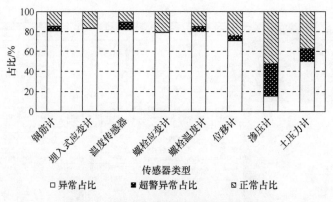

图 4-8　不同类型传感器异常情况的统计

3) 子系统故障排查

项目组采用专业检测设备及配套软件对传感器子系统、数据采集与传输子系统、数据处理与控制子系统进行了详细排查，各系统故障情况如下。

(1) 传感器子系统存在以下问题。

① 振弦式传感器：除了 JK1 断面上的 20 个振弦式传感器读数正常，其余 100 个振弦式传感器均出现故障。

② 光纤式传感器：总体上传感器的存活率为 41%，存活数量为 300(总数为 738)，表 4-2 及图 4-9 为每个断面上传感器的存活情况，存活率最低的 JK2 断面为 38%，存活率最高的 JK4 断面也仅为 44%，故障分布较为平均。

③ 腐蚀传感器：监测系统共布设了 4 套 S+R SensortecGmbH 混凝土腐蚀传感器，由于此类传感器数量较少，且采用专用设备(PROCEQ 腐蚀计数据测度仪)进行人工定期采集数据，本次排查未进行专项检测。

表 4-2　传感器状况统计(按断面)

断面	JK1	JK2	JK3	JK4	JK5	JK6	总计
正常	51	47	48	54	50	50	300
故障	72	76	75	69	73	73	438
合计	123	123	123	123	123	123	738
存活率/%	41	38	39	44	41	41	41

(2) 数据采集与传输子系统中光纤光栅传感器所选用的采集设备为美国 MOI 光纤量解调仪(sm125)(由主机及扩展机两部分组成)，振弦式传感器选用的采集设

备为美国基康 BGK-Micro 自动化数据采集仪。根据现场检测，监测系统的光纤光栅传感器解调仪存在以下几个问题。

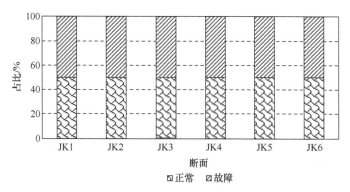

图 4-9　软件检测光纤光栅传感器状态统计(按断面)

① 解调仪死机：设备内置单板机、光开关等精密配件，环境温度、采集频率等易造成设备死机，无法实时在线进行数据采集，需要专业人员对设备进行定期维护。

② 通信接口不稳定：因设备使用年限已久，部分设备接口及线缆出现灰尘、老化等现象，部分解调仪通信接口不稳定，需要对设备进行定期清理、更换接口。

③ 光开关损坏：部分解调仪通道光开关损坏，导致整个通道传感器无法采集数据，需要对解调仪进行返厂检修更换。

④ 解调仪无法采集到数据：第一监测断面解调仪无法正常采集数据，在经过与其他监测断面解调仪主机调换测试后，确定第一监测断面解调仪主机损坏，扩展副机可正常采集；第六监测断面解调仪 LAN 口接触不良，采集数据间断。

振弦式自动化数据采集仪存在以下几个问题。

① 测量单元通信故障：除第一监测断面测量单元可正常通信，其余监测断面测量单元均无法正常通信至工控机，需对测量单元进行返厂检修、更换或升级新设备。

② 内部电池老化：采集仪内置的蓄电池属于消耗品，正常使用情况下(浮充或循环放电)，蓄电池的使用寿命年限为 3 年，目前设备使用年限已达 8 年，蓄电池已达到使用年限，在不更换的情况下，隧道现场断电后现场设备无法实现在线实时采集数据的功能。

数据传输线路采用光纤，经逐步排查检测发现 9 处断裂情况。

(3) 数据处理与控制子系统包含监控中心计算机设备和相应的数据处理和分

析软件，其主要功能是由计算机系统完成数据的预处理、后处理、归档、显示和存储等数据管理，并通过网络设置和控制隧道现场的各个数据采集单元、解调仪和传感测试设备的工作。经排查与测试，发现以下问题。

① 系统软件版本过低，稳定性较差，接收数据慢。

② 系统功能较为单一，缺少数据档案管理、数据查询、数据备份、养护办公等功能，与隧道养护工作的功能需求兼容性较差。

4) 排查结果总结

(1) 传感器状况：监测系统除了 4 套腐蚀传感器(非自动化采集数据)，858 个传感器中存活个数为 320 个，存活率仅为 37%。传感器失效的主要原因为解调仪通道损坏、传输光纤断裂、传感器自身故障。其中，738 个光纤光栅传感器存活个数为 300 个，存活率 41%。从各个断面来看，存活率均在 40%左右，分布较为平均，从传感器种类来看，故障最多的为埋入式应变计，存活率仅为 27%，故障最少的为位移计，存活率为 50%。传感器除了位移计，其余均为施工期预埋，因此传感器故障的修复和替换均无法实现。120 个振弦式传感器存活数量为 20 个，存活率为 17%，振弦式传感器均为埋入式，正常传感器继续利用，故障传感器不再使用。

(2) 传输线路状况：传输线路断点情况共 9 处，直接导致与之相连的解调仪通道无法采集到相应数据。

(3) 数据采集设备状况：其中一台解调仪主机发生无法采集数据的情况，需进行修复或更换。解调仪通道故障共计 8 处，未接传感器通道为 9 处。通道故障应进行返厂修理，或采用正常通道替换故障通道。

(4) 监测系统软件状况：振弦式传感器和光纤光栅传感器数据采集软件版本均较低，应及时进行软件升级。

4.1.2　瘦西湖隧道结构健康监测系统

1. 系统概况

瘦西湖隧道结构健康监测系统[4]包括明挖段隧道、盾构段隧道及地面接线道路配套工程，隧道段主线全长 2630m，匝道全长 520m，盾构段长 1275m，隧道结构形式采用单管双层双向四车道布置。盾构段隧道开挖直径为 14.9m，盾构管片环外径为 14.5m，内径为 13.3m，管片壁厚为 0.6m，管片宽为 2m，混凝土强度等级为 C60，抗渗等级为 P12。其余路段采用箱型断面布置，隧道设计车速为 60km/h。瘦西湖隧道盾构段纵断面和横断面分别如图4-10和图4-11所示。

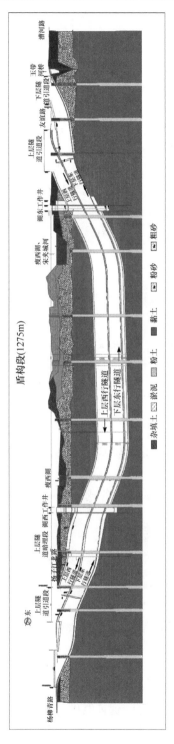

图 4-10　瘦西湖隧道盾构段纵断面

图 4-11 瘦西湖隧道盾构段横断面

隧道施工期间，设计单位针对性地设计了瘦西湖隧道结构健康监测系统，并预埋了相关传感器，共布设 4 个监测断面，分别位于 K2+140、K2+010、K1+640 和 K1+330，主要埋设仪器为土压力盒、光纤光栅钢筋应变计和光纤光栅温度传感器。由于施工扰动和运营期缺乏维护，目前仅部分传感器能正常工作，正常工作的土压力盒现只有 15 个，光栅钢筋应变计正常工作的现有 6 个，光栅温度计正常工作的现有 9 个。

2. 排查结果

项目组现场调研了瘦西湖隧道结构健康监测系统的现场情况(图 4-12)，主要问题如下。

(1) 施工期仅预埋了传感器，未设置自动化数据采集、通信设备，也未采用集成式软件平台进行监测数据分析与评估，监测系统处于暂停状态，无法对其进行控制。

(2) 监测断面线缆摆放杂乱、表面污损严重，虽设置了集线盒，但并未统一摆放在集线盒内。

(3) 部分线缆有折断、跳线光纤裸露等现象，存在较大的断裂风险，现场未见设置保护警示标志。

(4) 线缆端部未加标记标明连接的传感器编号、类型和功能，现场识别困难。

(a) 缺少自动化采集设备　(b) 线缆摆放杂乱　(c) 线材裸露　(d) 缺少标识

图 4-12 瘦西湖隧道结构健康监测系统现场情况

4.1.3 问题总结

如同隧道结构本身，结构健康监测系统也需要长期有效的维护管理[5]才能使系统能正确反映隧道结构安全状态，保证其硬件寿命达到设计要求。南京应天大街长江隧道初期结构健康监测系统仅在运营前 6 年进行了定期维护，定期维护停止后就出现了大量的读数异常现象。

通过上述两个水下隧道结构健康监测系统的排查案例可以看出，传感器子系统的故障率最高，无论是光纤光栅传感器，还是振弦式传感器，在多年后均存在较高的失效率(平均为 40%)，这对于设计寿命达到 100 年的大直径盾构法水下隧道，显然是无法满足要求的。混凝土振捣及养护对传感器的寿命影响较大，埋入式应变计存活率仅为 27%，相对的光纤光栅表面式位移计存活率可以达到 50%。

其次是数据采集与传输子系统，由于该子系统的硬件部分精密电子元件较多，数据采集站在长期运行后会出现老化损坏，传输线缆由于安装及保护不到位会出现断裂问题。

数据处理与控制子系统的主要问题为监测软件平台缺乏长期的管理和升级，特别是一些早期建立的系统，系统功能在设计之初就不完善，在经历长时间的运行后早期的监测数据出现缺失，即时的监测结果与隧道结构的实际安全状况的相符程度也无从判断，导致对传感器状态的判别和对系统的后期升级改造十分困难。

硬件的高损耗率也暴露出早期隧道管理者对水下隧道结构健康监测系统维护工作的重视程度远不及对隧道本体的维护，没有意识到要建立或严格落实监测系统的维护体系。随着自动化技术的发展，出现了有实时测量和自检能力的仪器设备，更先进的监测方法逐渐替代了烦琐的人工巡检，使监测工作更为高效，监测成果更为可靠。但是，一些管理人员先入为主地认为"自动化监测"等同于"无人监测"，从而放松了对监测系统的管理，这一观点是很片面的。一旦系统实际陷入长时间的"无人监管"状态，系统的可靠性将会大幅降低，因此无论是监测系统的设计者、使用者，还是管理者，都应坚持"人在回路中"的原则，在系统设计之初就将维护和管理工作的需求纳入考虑范围，根据监测系统的实际情况制定和执行维护与管理流程，综合采用人工与自动化机械维护的方法，把水下隧道结构健康监测系统的维护工作与隧道本体的维护工作统筹管理，特别是对于同时管理多条隧道的管养单位，最后一点尤为必要。最后，当系统功能已无法满足当前监测要求时，应及时进行升级改造。

4.2　水下隧道结构健康监测系统维护的组织管理

4.2.1　水下隧道结构健康监测系统维护工作组织

1. 维护工作的要求

水下隧道结构健康监测系统自身应在运营期加强维护工作，以保证系统硬件寿命达到设计要求。水下隧道健康监测系统维护工作的主要要求如下：

(1) 定期执行隧道检查，保持系统正常运作；

(2) 维护监测记录和备份，保证重要或易损产品的备件；

(3) 向业主提交检查清单和维护报告；

(4) 报告监测系统的运行状态，并对系统的可靠性、安全性问题作出相应的解决措施；

(5) 制订和履行工作质量保证计划；

(6) 培训监测系统维护人员，有条件时可进行资质认证。

2. 维护工作的计划和安排

维护工作的计划和安排包括了解业主和上级主管部门的需求和要求，检查现有的水下隧道结构健康监测系统的设计文件、记录、日志等资料，与适当的隧道管理人员协调，制定健康和安全预案，检查监测系统的常见故障和缺陷，并制定实施检查必要的表格和报告的规格。必要时，还要对隧道进行荷载试验。详细的检查时间表和工作计划应涵盖所有关键方面。

维护工作的计划应经过充分的审视，以便能够在现场最大程度判断监测系统安全或结构方面的问题。良好的检查维护计划应能预见潜在的问题，简化维护检查流程，并及早发现检查维护计划的缺陷。一旦制定了总体计划，就应尽量详细地描述每项独立检查或维护任务的细节作为补充，应评估在隧道内部对传感器外壳、机柜等进行拆卸和清洁时所需要的零配件和设备的需求，还必须提供开展工作所需的工具和设备。例如，当需要在照明不足的环境中(如隧道的廊道内)拆卸和检查传感器时，零件可能会丢失，除了要做好常规的安全防护措施，还应提供增强照明工具、小型零配件以及现场可使用的备件。

为了顺利开展检查维护工作，可以提前进行踏勘。踏勘工作是为了了解一般的隧道配置、内部监测系统的概况、如何到达监测点和隧道周边的交通状况。隧道的烟道层或正在施工的区段应在踏勘过程中标示出来，以便在正式检查前解决。

检测方式应为非破坏性或破坏性可控，有条件时可采用机器人视频巡检设备。检查和维护小组应准备隧道结构和水、电、通风等附属系统的竣工图，以便在检查期间使用。

3. 监测系统资料调研

在进行检查之前，需要彻底收集和评估每个水下隧道结构健康监测系统的可用记录。这些记录通常包括施工图、竣工图、施工计划、仪器设备规格、成本预算和通信、照片、材料验收证明等，还应审查监测系统的操作、检查和维修以及库存的台账，检查隧道内事故和处理的记录。通过这些文件的调研，可以分析高故障风险区域，制定适当的检查和维护程序，验证故障源假设，核实时间表，并据此制定检查用的表格、草图等文件。

调研过程中可能涉及整理大量文档，不同单位、不同时间段的文件种类和格式可能存在差异。在调研过程中应对这些文件进行梳理，找到关键的文件，并严格执行归档流程，保证这些文件在检查维护工作后依然完整。

4. 与隧道管养单位协调

维护管理团队必须与隧道的管养单位进行充分协调，以确保安全有效地维护工作环境，若在检查过程中发现关键问题，则必须立即通知适当的人员。因此，应在检查之前建立通信人员名单和明确的沟通规则，避免低效率的沟通。

在进行检查之前，现场检查和维护小组应和隧道管养单位就各种协议达成一致，如进入隧道的安全规定和获得施工许可、设备登高车区域、设备停工、车道封闭、交通引导、检查时段以及使用停车设施。在封闭空间内，如上部烟道层、附属设备用房、服务器机房等，可能需要特殊的准入程序。例如，为了测试服务器机房通信端口的工作情况，维护人员应与监控机房的管理人员协调，调节服务器机房内的温度和通风条件，以满足适宜工作的环境。

在检查维护过程中，可能需要操作隧道内的设备，因此需要提前进行协调，采取预防措施，以防止现场的维护人员、隧道管理人员和驾驶人员受伤，若需要在隧道供配/电系统接入或移除设备，则需要隧道管理人员配合开关电源及测试电源和控制系统。

在检查维护过程中，现场小组应保持与隧道一线养护管理人员的沟通，以了解是否有未解决或有争议的问题，如监测系统运行时是否有异常的噪声、是否断电或损坏、线缆布设是否方便日常管理等，若条件允许，则检查维护团队应与隧道养护人员讨论最近的养护和维修计划。

4.2.2　水下隧道结构健康监测系统维护管理人员

水下隧道结构健康监测系统涉及多个专业领域，包括结构、机电、计算机等，运营管理人员一般都是隧道建成后才接手管理的，并且一般都不是隧道专业技术人员，因此对工程前期设计和施工都不太了解，一般的隧道管理人员既缺乏相关的知识技能鉴别系统的故障，也没有专门的检测和维修设备。此外，监测系统的维护管理工作需要独立进行评估，不应将隧道管理人员纳入维护管理团队，因此监测系统的维护和管理应当指定专门的维护管理团队为主体执行。监测系统维护管理团队应由项目经理、小组负责人、专业工程师、现场维护人员、专家顾问组成，如表 4-3 所示。

表 4-3　监测系统维护管理团队组成表

团队成员	职责	执业资格认证
项目经理	整体负责检查维护项目，向业主定期报告	强制
小组负责人	领导并协调现场检查	强制
专业工程师	执行特定系统和项目的检查、维护	推荐
现场维护人员	协助小组负责人和专业工程师	推荐
专家顾问	检查复杂的仪器和软件系统，指导现场的安装、拆除工作	推荐

1. 项目经理

项目经理是负责对一条隧道或一个范围内多条隧道进行隧道检查计划的人，领导维护管理团队，统筹协调维护工作的一切事务，并确保维护工作合法合规。当管理范围内隧道比较多时，一个项目经理下可以设若干副经理，但项目经理仍作为整体负责人。项目经理代表维护管理团队制定成文的检查程序，安排检查时间，统筹项目资源，与隧道管理者进行协调，定期向业主进行监测系统运行状况的汇报，并在必要时为小组负责人提供建议。理想情况下，项目经理应该对隧道工程的各个方面有一个总体的了解，包括设计、施工、运行、维护、检查、评估、额定荷载和修复，并对监测系统的长期管理、未来的升级改造规划有明确的认知。

2. 小组负责人

小组负责人是负责在现场领导检查小组的人员，负责检查计划、准备、执行和出具报告，以及现场协调工作。小组负责人负责评估系统缺陷、检查监测系统数据，并确保检查报告的完整性、准确性和可读性。小组负责人还应根据需要，进行现场安全教育，应能够为监测系统故障的修复提供建议，并且在发现关键问题时必须采取适当的应急措施。理想情况下，小组负责人应持有有效的注册执照，并具有 5 年以上的相关工作经验。

3. 专业工程师和现场维护人员

现场检查和维护小组应至少由两个人组成，以有效开展现场工作，一般由专业工程师和训练有素的现场维护人员组成。

当需要进行详细的结构、机械或电气系统检查时，小组负责人应指派对应的专业工程师来帮助进行检查。理想情况下，专业工程师应持有有效的注册执照，或者至少是经过特定专业培训的工程师。

现场维护人员协助小组负责人和专业工程师进行检查工作。现场维护人员的职责包括携带检测设备、填写检查表单、拍照和绘制草图。理想情况下，现场维护人员应具有隧道工程或相关学历背景，并经过相关领域的培训和具有一定的实践经验。

现场检查和维护小组所有成员应当能在工作开始前了解监测系统的构成和功能；能够攀爬和使用设备进入隧道的各个区域；能够使用设备或应用适当的检测方法；能够清晰打印并绘制准确的草图；能够阅读和解释图纸；能够根据需要使用适当的方法来收集故障数据。

4. 专家顾问

当一般维护人员缺乏检查复杂仪器设备或复杂系统(如复杂精密的传感器、供/配电系统、数据传输系统、软件安全系统等)所需的专业技能和经验时，则有必要咨询专家顾问。专家顾问可以来自团队外部，如仪器生产厂家的技术人员，也可以是团队内部具有相关资质和技能的人员。在进行高安全风险的作业(如检查带电设备、操作登高设备)时，应询问合格的专家顾问，这有助于最大程度减少检查人员的健康和安全风险，并防止损坏昂贵的设备。

4.3　水下隧道结构健康监测系统的维护内容与技术要求

在长期连续运行过程中，自动监测系统的电路、光路及机械部件会发生变化，导致各种故障的产生。

安装在结构表面的监测仪器设备长期处于较高的湿度、车辆振动和尾气污染的环境下，常出现供电电压波动、临时停电和传感器零点漂移等问题，会直接影响监测数据的准确性。预埋在结构中的传感器的存活受施工因素影响较大，安装后难以更换，往往只能采取提高冗余度的方法，即在同一测点或附近位置配置多个同类传感器，当其中一个故障时，不影响系统整体功能。除此以外，隧道管养单位进行隧道内部施工或养护时，也可能对监测仪器设备造成损坏，如传输线路可能被弯折损坏、测量点可能被污损遮挡、采集设备的供电系统可能被切断等。

因此，水下隧道结构健康监测系统的维护应针对系统内包含的各个子系统的特点分别制定维护策略。维护工作可分为日常管理、定期检查与维护和故障排查。

4.3.1　日常管理

日常管理主要是对运行中监测系统的工作状态和工作环境进行日常性的管理工作。日常管理可在维护管理团队的指导下，由一般隧道管理人员实施，按规定的维护计划和固定的检查路线进行日常运行维护，并记录维护的时间、人员、操作后参数指标变化及调整信息等。

日常管理是监测系统维护工作的基础，能够及时发现系统的隐患，为科学、合理安排预防性和预测性的维护工作做准备。

1. 工作状态

在日常管理中，监控中心通过监测软件平台对采集子站和传感器运行情况进行的日常检查非常重要。维护人员通过软件查看子站仪器每日的监测数据和工作日志，每天至少一次，最好是每天两次(上午、下午各一次)，处理日志中的提示、警告和错误等信息，远程检查各子站仪器的运行状况是否异常。通过判断监测数据和运行参数是否处于正常范围，及时发现采集子站运行是否存在问题，并加以解决，保障系统正常运行，预防大故障的产生。

监控中心的工作状态检查内容包括：①监测系统实时状态及所有与数据相关的后台进程是否正常；②监测系统日志记录是否正常；③存储空间的使用情况，当剩余存储空间小于设计文件的规定或总存储量的 20%时，应向上级汇报，并采取措施保证数据的正常备份；④数据库日志是否正常、完备。

传感器及采集子站的工作状态检查包括：①显示灯是否正常，读数仪是否有读数；②外观有无损坏、明显变形及腐蚀，站内外不应有明水；③接入线是否与接口连接可靠且无松动；④不宜有明显落尘；⑤电池或供电系统运行是否正常有效。

2. 运行环境

监控中心、采集子站和传感器的运行环境应满足设计文件和产品技术文件的要求。

监控中心应有温度、湿度调节装置，温度应控制在 15～30℃，温度变化率应小于 15℃/h，且不应有凝露；相对湿度应控制在 30%～80%。应保持监控中心的清洁，人员和设备进出站房应有防尘措施。监控中心建筑上的孔洞应密封，管线及门窗处应有防止生物侵害的措施。监控中心内的照明、通风系统应正常运行，数据采集及存储设备的防雷器应无损坏迹象。

采集子站的建立和设置在满足优化布点的基础上，要充分考虑方便供配电和环境要求，必须防热、防磁、防尘、防水、防电击，并采取必要的防护安全措施。站内仪器之间静电电位不应大于 1kV，周边不宜安装强电设备及开关；站内无线电干扰场强不应大于 126dB，磁场干扰环境场强不应大于 800A/m，周边 1m 以内不应安装会产生电磁干扰的设备。

4.3.2　定期检查与维护

定期检查与维护工作能够补充日常管理项目的不足，同时也能系统掌握设备的基本状况，为制订下一阶段维护维修工作计划提供依据。定期检查与维护由专门的维护团队实施，携带专业的检测设备，对监测系统硬件进行重点巡查和抽样检测，对工作的设备进行检查和校准，对失效的设备进行维修和更换。同时，应在室内通过系统数据的异常和传感器的自检记录评估上一个周期内系统的运行状况。

水下隧道结构健康监测系统包括传感器子系统、数据采集与传输子系统、数据处理与管理子系统、数据分析与预警子系统和用户交互界面子系统。根据各个子系统的常见故障情况分别制定维护策略。其中，数据处理与管理子系统一般以软件模块的形式被集成到系统中，一经部署后不允许随意修改，该部分单独损坏的可能也极低，因此一般不与其他软件模块同时进行更新维护。

在实施定期检查维护前，维护管理团队应首先收集隧道结构和监测系统的设计资料、往期定期维护记录、监测系统日常管理记录、监测系统日志等资料，依据定期检查维护计划向隧道管理者提交当次维护方案，明确重点检查项目和区段。特别是对于安装隐蔽或需要借助爬梯、登高车才能检查的传感器，应提前制订详细可行的检查方案，提前分析和排除可能的人员安全风险；对于设置在车道层传感器的检查，应按隧道运营要求制订封道方案，排除维护期间的交通安全风险。检查维护完毕后，应提交检查记录、维修记录和维护报告，并更新监测系统异常处置和应急反应方案。

需要注意的是，当计划将传感器、采集子站等仪器设备带到地面进行检查、重新标定或维修时，若有必要，则应制订相应的替代方案，保证系统功能的完备。经重新标定或更换的传感器必须列入检查记录，并且及时更新系统内的数据。

1. 传感器子系统维护

水下隧道结构健康监测系统运行的基础是传感器子系统，它完成了隧道结构状态的物理量与数字信号之间的转换工作，实现了对隧道结构变化的定量观察。传感器按照安装方式可以划分为预埋式传感器和表面式传感器两种，如图 4-13 所示。

其中，预埋式传感器是指在隧道施工阶段，混凝土浇筑过程中，预先安装在结构内，安装后无法取出的传感器。因此，对于预埋式传感器的维护工作主要是观察并记录仪器是否正常工作。若预埋式传感器传出的数据出现异常，如显著超过或低于预期数值、数值长期无变化等，则应将异常情况及时录入监测报表和监测说明中，并在数据采集平台中做出标记。

(a) 预埋式传感器　　　　　　　　　　　　(b) 表面式传感器

图 4-13　预埋式传感器与表面式传感器

表面式传感器是指安装在隧道内表面的传感器，一般是在隧道结构施工完成以后，布设在隧道内表面。表面式传感器的维护工作分为以下三个方面。

(1) 传感器数据检查：发现传感器数据异常，应将异常情况及时录入监测报表和监测说明中，并在数据采集平台中做出标记，然后维护人员根据这些记录在现场进行初步检查，若无法现场排除故障，则需要将仪器设备带到地面进行进一步检修。

(2) 传感器外观检查：由维护人员检查传感器安装有无松动和错位、传感器内部和外部有无污垢和异物、传感器外壳是否密封、传感器线材有无老化和损坏、保护装置是否损坏等问题。若出现上述问题，则应将损坏情况及时录入监测报表和监测说明中，并进一步检查传感器信号采集是否正常。

(3) 传感器性能检测：由维护人员携带便携式读数仪、解调仪等检测设备和标准仪表在现场检查传感器元件是否有损伤、传感器与采集设备间的通信是否正常，并对传感器的测量精度、灵敏度、线性度、重复性等进行复核。

随着电子自动化技术的快速发展，市场上多种传感器已能实现自动故障报警功能，该功能可以极大地提高维护人员的设备检测效率。一般情况下，当传感器信号发生异常时，无法直接判断是传感器发生故障，还是传输线路发生故障，需要维护人员利用检测仪器进行逐段检测，工作效率不高。利用传感器的自动报警功能，可以准确定位故障项目和故障位置，降低维护成本。

2. 数据采集与传输子系统维护

监测系统中传感器子系统采集到信号后，需要将信号传输至相应的解调仪器中，转化成计算机能够解读的数据，然后传输到监控机房，这一过程依赖于数据采集与传输子系统完成。根据具体的功能模块，数据采集与传输子系统可分为采集模块与传输模块。采集模块主要负责对从传感器接收的信号进行降噪和解调，得到测量的物理量数据。传输模块主要负责稳定、高速、低损失地传输信号，包括传感器到采集设备(采集子站)间的信号传输和采集设备到监控机房间的信号传输。传输系统可根据传输方式分为有线传输和无线传输两大类。

有线传输主要是指两个通信设备之间通过物理连接,将信号从一方传输到另一方的技术,主要包括电缆、光纤光缆。有线传输设备的维护是数据采集与传输子系统维护的重点工作,主要内容如下。

(1) 线路外观是否完好,包裹层是否发生剥落,线路是否物理断开,包裹层是否发生化学腐蚀。当线路包裹层发生破坏时,需要及时进行修补或更换,并采取加固措施。

(2) 线路是否浸泡在水中或者长期被水浸湿,若存在该情况,则应及时咨询隧道管理人员,判断浸水原因,修补结构漏水点,或者局部架高线路,脱离渗水区。

(3) 机电设备或附属设备是否影响线路走线。在长时间的隧道运营过程中,部分钢架设备存在割破线路包裹层的现象,需要及时修补并加固线路,或者改变线路的走线方式。

(4) 线路间电磁干扰是否强烈。维护时需要利用专业仪器检查线路间的电磁环境,对电磁干扰要求高的线路则要单独进行特殊保护。

(5) 单端信号丢失时,应核查线路内芯是否发生断路。及时寻求维修人员,利用专业仪器进行检测。

无线传输是指在两个通信设备之间不使用任何物理连接,而是通过空间传输的一种技术。无线设备的维护主要是针对无线信号的输出与采集。针对无线信号的输出端,一般集成在仪器内部,无法直接进行维护,只能及时观察并记录该类传感器的无线信号是否正常。对于无线信号的接收端,应保证硬件外观完好,线路正常,接收信号的频率与输出端相符,若存在异常,则应及时联系产品维修人员和生产厂家,检修或更换仪器。

3. 数据处理与管理子系统维护

传感器接收到信号经采集与传输,存储至存储设备上供后续处理和分析。数据处理与管理子系统包括服务器、解调仪、数据库机柜、电路等硬件部分,以及数据库、解调软件等软件部分,如图 4-14 所示。

针对硬件部分的维护工作主要包括:

(1) 检查机柜内是否存在灰尘过多、温度过高、静电处理不到位、框架锈蚀等隐患若存在,则应及时清理机柜外部灰尘,采用降温设备进行环境降温或者设备的局部降温,咨询产品维修人员和生产厂家做好静电消减措施,对锈蚀的机柜框架及时进行加固或更换。

(2) 检查服务器内部是否存在灰尘过多、温度过高、静电处理不到位、电路板老化等问题,若存在,则应及时清理服务器内部灰尘,采用降温设备进行环境降温或者设备的局部降温,咨询产品维修人员和生产厂家做好静电消减措施,老化严重的电路板应及时进行更换。

数据库

图 4-14　数据库机柜

　　(3) 检查解调仪是否存在不能正常采集数据、采集频率不正常、设备灰尘过多、温度过高、静电处理不到位等问题，若存在，则应利用专业设备检查解调仪是否工作正常，核查数据的采集频率与设定的采集频率是否一致，同时及时清理解调仪外部灰尘，采用降温设备进行环境降温或者设备的局部降温，咨询产品维修人员和生产厂家做好静电消减措施。

　　针对软件部分的维护工作主要包括：

　　(1) 确保数据库架构满足数据采集标准。随着传感器数据的不断采集，检查数据库架构能否满足数据的正常提取，完成海量数据的定位存储。

　　(2) 保证数据格式正确，检查数据存储的格式是否符合预先设定的数据编码格式。若存在异常，则应咨询数据库专业人员，完成数据存储格式的修复或者优化数据存储格式。核查数据存储容量，及时增加或更换大容量硬件存储设备。

　　(3) 检查解调仪软件运行状态。若发生故障，则应寻求产品维修人员和生产厂家及时进行维修或更换。

　　(4) 检查数据库交互界面运行。检查数据库与用户交互的计算机能否正常运行，软件能否正常操作，若发生故障，则应及时向计算机维修人员寻求维修帮助。

　　(5) 检查计算机运行环境。检查数据库与用户交互的计算机内部是否运行正常，保证系统的正常运行。

4. 数据分析与预警子系统维护

　　数据分析与预警子系统主要是为了保证当隧道结构处于危险状态时警报功能的正常运行，提醒隧道管理者和维护人员及时对险情采取措施。

数据分析与预警子系统的维护工作主要包括两部分：①确保预警功能正常运行；②优化诊断模型和预警标准。

数据分析与预警子系统维护工作主要是通过核查数据与预警值的差异，判断是否存在实测数据超过预警值、预警功能尚未正常运行的现象，若出现上述现象，则应采取手动操作，激活警报功能，然后通知维护人员和工程师采取相应措施，同时要求预警与诊断系统的开发人员对系统进行检查、修复预警功能。

随着隧道运营时间的增加，监测数据的预警值可能需要在后续的工作中做出相应的调整，或者随着新算法、新技术的研究开发，诊断模型需要进一步优化，因此需要及时联系系统开发人员，优化诊断模型，调整监测预警值。

5. 用户交互界面子系统维护

用户交互界面子系统是指管理人员能够日常查看监测系统状态和数据，并进行控制、操作计算机界面的子系统，包括用户终端的操作软件和终端设备等[6]。对该系统的定期维护工作主要包括确保监测系统操作软件的正常使用、互联网环境安全、软件的优化升级、终端设备的正常运行[7]。

监测系统操作软件的正常使用主要是指监测软件界面正常打开与关闭、用户正常登录、数据录入和删除、数据备份、数据调用和处理。

互联网环境安全主要是指利用计算机防火墙阻止网络病毒的入侵和技术黑客的攻击，维持软件平台的安全运行。

软件的优化升级是水下隧道结构健康监测系统在长时间运营的过程中，软件系统针对各种故障进行修补，完善网络平台，同时提高软件的用户体验，优化软件操作。

终端设备的正常运行是指用于交互的终端设备(如计算机)的硬件设施正常运行。维护时需要检查终端设备内部是否存在灰尘过多、温度过高、静电处理不到位、电路板老化等隐患，若存在上述隐患，则应及时清理内部灰尘，采用降温设备进行环境降温或者设备的局部降温，咨询专业人员做好静电消减措施，老化严重的电路板应及时进行更换。

4.3.3　故障排查

从现有水下隧道结构健康监测系统的维护情况来看，系统硬件设备的故障是最突出的问题，故障如何发现和排查也是隧道管理者和一线养护人员较为关心的问题。经过水下隧道结构健康监测系统的故障排查实践证明：通过监测记录分析和现场巡查进行早期故障筛查，然后使用针对性的专业检测仪器从终端向前端反向排查，可以有效检测出故障点并及时修复，对系统的正常运行影响较小。

1. 故障排查内容和流程

故障排查内容主要包括对传感器系统、数据传输系统和数据采集系统的排查，具体内容如下：①对于传感器系统，查明传感器类型、工作状态，包括光纤光栅传感器、振弦式传感器；②对于数据传输系统，查明通信工作状态，包括传感器接线、光缆传输路线；③对于数据采集系统，查明数据采集设备的工作状态，包括通道、连接线。

故障排查流程如图 4-15 所示，包含三部分：资料收集与分析、现场调查和设备检测。

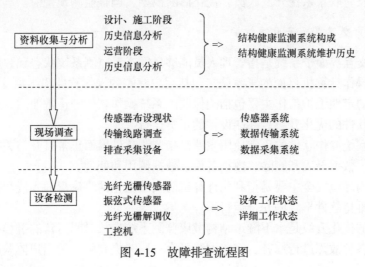

图 4-15　故障排查流程图

2. 排查设备

1) OTDR 光纤检测仪

光纤光栅传输线路故障的定位采用 OTDR(AQ1200) 光纤检测仪，该仪器检测原理为通过发射光脉冲到光纤内，然后在 OTDR 光纤检测仪端口接收返回的信息来进行检测，如图 4-16 所示。当光脉冲在光纤内传输时，会由于光纤本身的性质、连接器、接合点、弯曲或其他类似的事件而产生散射和反射。其中一部分的散射和反射会返回到 OTDR 光纤检测仪中，而在光纤远端断面处，会发生菲涅尔反射，经过处理后，在相应位置可以观察到明显的反射峰。该仪器具有以下优点：

(1) 能够自动检测光纤线路中的熔接点、连接器以及断点位置，分辨率最高达到 5cm；

(2) 可以实时保存探测图像及相关数据，方便以后对数据进行处理；

(3) 具有界面缩放与平移功能，可以对某段距离进行放大观察，精细化程度高。

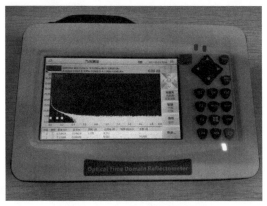

图 4-16　OTDR 光纤检测仪

2) Enlight 数据分析软件

在对光纤线路或解调仪通道是否发生故障进行判断时,采用 Enlight 数据分析软件进行数据的采集,该软件为 MOI 光纤量解调仪配套的上位机软件,如图 4-17 所示。Enlight 数据分析软件在传统传感器软件功能的基础上结合了光学传感器系统的具体需要,使其在光学传感器系统设计和执行阶段更易于优化光学特性。Enlight 数据分析软件的直观数据显示、其他图形和数据的可视化功能,使其易于使用。Enlight 数据分析软件具有解调配置、波长数据采集、保存和可视化基本功能,并具有光学参数与工程单位的转换、优化的传感器检测、光学传感器的界定和管理、实时处理传感器数据(包括平均、引用和归一化)、详尽的数据存储和显示、设置和管理预警及报警条件、Enlight 远程命令接口等先进功能。

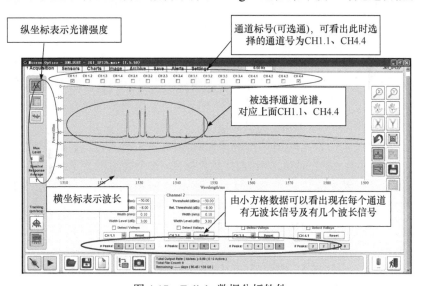

图 4-17　Enlight 数据分析软件

3. 检查流程

1) 监测系统工作环境巡查

监测系统的自动化程度较高，因此对信号传输的要求较高。一般来讲，线路连接不良、接头损坏、环境恶劣等问题均有可能导致信号采集或传输故障，从而出现用户界面读数故障。因此，需要对监控中心、监测断面的工作环境开展相应的排查工作。通过排查，首先可以排除由线路连接不良、接头损坏等导致的传感器数据采集异常。

2) 终端传感器状态检测

(1) 振弦式传感器检测根据用户界面读数情况，判断传感器的工作状态，对于信号异常的传感器，先排查工控机是否存在故障，若工作正常，则排查 BGK-Micro 自动化数据采集仪是否出现故障；若 BGK-Micro 自动化数据采集仪工作正常，则可以判断读数异常的振弦式传感器出现故障，应进行替换或修复。图 4-18 为振弦式传感器检测技术路线图。

图 4-18　振弦式传感器检测技术路线图

(2) 光纤光栅传感器检测采用软件对传感器的光谱进行检测分析，分析步骤如下：

① 获取每个通道对应传感器的波长和数量；

② 判断该通道连接传感器的光谱图是否正常,对光谱较弱或无光谱的传感器做出标记；

③ 互换通道判断解调仪通道是否故障；

④ 对于通道光谱异常线路，若解调仪通道正常，则进一步采用 OTDR 光纤检测仪检测光纤是否完好，若光纤不存在断点，则可以判定传感器出现故障。

光纤光栅传感器检测技术路线如图 4-19 所示，现场检测情况如图 4-20 所示。传感器光谱检测逻辑框图如图 4-21 所示。

以南京应天大街长江隧道结构健康监测系统 JK2 断面为例，具体检测方法如下：JK2 断面共有 16 个通道，用 MOI 软件采集 16 个通道的光谱数据，横坐标代表传感器波长，纵坐标代表光谱强度，如图 4-22 所示。由图可以看出，CH4.4 显示为近似一条直线，无波峰，表示该通道无波长信号；CH1.1 显示多个波峰，表示该通道有波长信号，可判定该条光纤线路正常工作。

为了方便观察判断每个通道的情况，可将采集到的光谱数据(JK2 断面 16 个通道)分为 CH1.1～CH1.4、CH2.1～CH2.4、CH3.1～CH3.4、CH4.1～CH4.4 四组。JK2 断面 CH1.1～CH1.4 通道光谱数据如图 4-23 所示。由图可以看出，四个通道都有波长光谱信号，可判定这四个通道正常工作，可读出 CH1.1 波峰功率大约为 35dBm(取纵坐标之差)，其余以此类推。

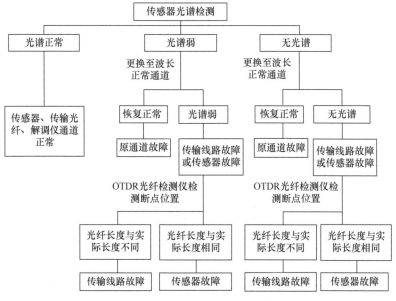

图 4-19　光纤光栅传感器检测技术路线图

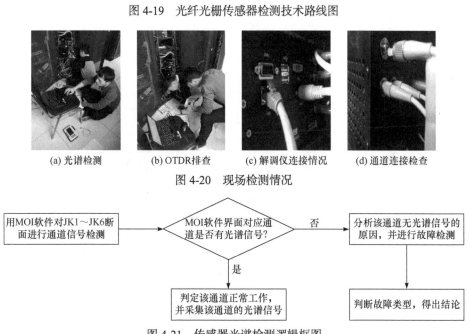

(a) 光谱检测　　(b) OTDR排查　　(c) 解调仪连接情况　　(d) 通道连接检查

图 4-20　现场检测情况

图 4-21　传感器光谱检测逻辑框图

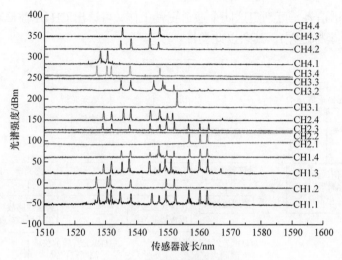

图 4-22 JK2 传感器波长图

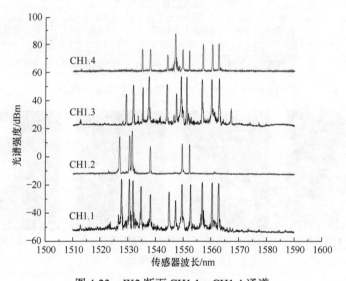

图 4-23 JK2 断面 CH1.1~CH1.4 通道

由图 4-24 可以发现，CH2.1、CH2.3、CH2.4 通道都有波长光谱信号，可判定这四个通道正常工作。而 CH2.2 的功率谱近似一条直线，无明显光谱信号，则判定该通道出现问题，需要进一步排查。由图 4-25 可以看出，CH3.1、CH3.2、CH3.4 通道都有波长光谱信号，可判定这四个通道正常工作。而 CH3.3 的功率谱近似一条直线，无明显光谱信号，则判定该通道出现问题，需要排查。由图 4-26 可以看出，CH4.1、CH4.2、CH4.3 通道都有波长光谱信号，可判定这四个通道正常工作。而 CH4.4 的功率谱近似一条直线，无明显光谱信号，则判定该通道出现问题，需要进一步排查。

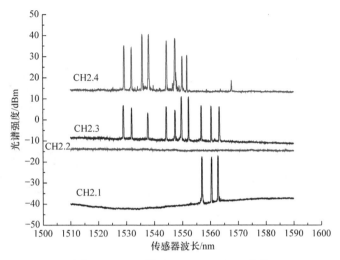

图 4-24　JK2 断面 CH2.1～CH2.4 通道

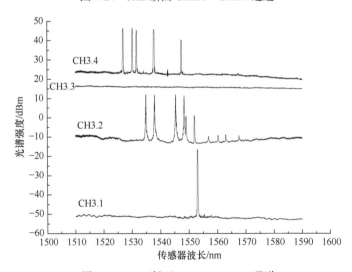

图 4-25　JK2 断面 CH3.1～CH3.4 通道

3) 通道线路故障诊断

通过前述 JK2 断面 16 个通道的光谱图，可确定该断面的 CH2.2、CH3.3、CH4.4 通道无明显光谱信号，存在通道故障、传输线路断点或通道传感器损坏的可能，因此应进一步进行排查。由光谱图可知，JK2 断面 CH1.1 通道是正常工作的，可将其他异常通道的光纤连接至 CH1.1 通道(图 4-27)，进一步判断通道是否故障。

(1) CH1.1、CH2.2 通道跳线互换前(原始)光谱如图 4-28 所示。

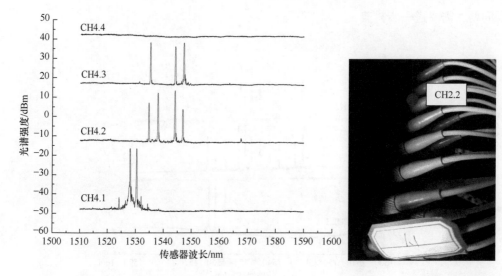

图 4-26　JK2 断面 CH4.1～CH4.4 通道　　　　图 4-27　通道跳线互换示意

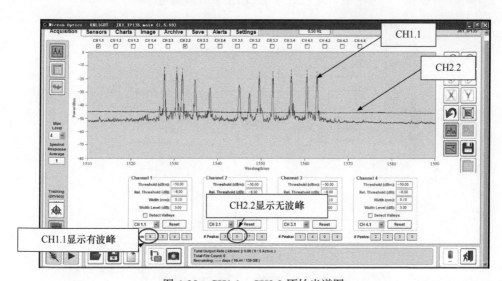

图 4-28　CH1.1、CH2.2 原始光谱图

　　CH1.1 与 CH2.2 跳线互换后的光谱如图 4-29 所示。由图可以看出，CH1.1 通道无波峰，CH2.2 显示有波峰，说明 CH2.2 通道正常，CH1.1 不出现波峰的原因可能是传输线路或传感器本身的故障，需要结合 OTDR 光纤检测仪进行检测。

　　OTDR 光纤检测仪探测 CH2.2 光纤线路的情况如图 4-30 所示。由图可清楚地看到一个反射峰，距离探测点 1310.82m，然后与探测点到断面的光纤线路长度进行比较，探测点到断面的光纤线路长度约为 1235m，二者较为接近，因此可以判断 CH2.2 传感器发生故障。

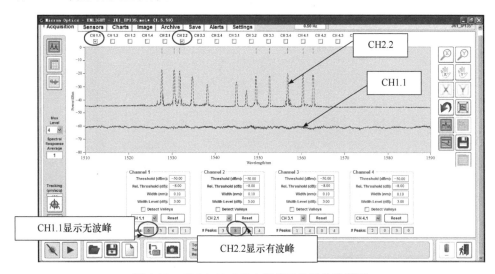

图 4-29　CH1.1 与 CH2.2 跳线互换后的光谱图

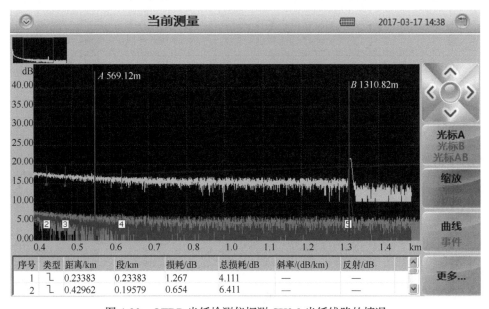

图 4-30　OTDR 光纤检测仪探测 CH2.2 光纤线路的情况

(2) CH1.1、CH3.3 通道原始光谱如图 4-31 所示。CH1.1 与 CH3.3 跳线互换后的光谱如图 4-32 所示。

通过将 CH1.1 与 CH3.3 原始光谱图与跳线互换后的光谱图对比，可得出 CH3.3 通道损坏，CH1.1 通道连接的光纤线路正常的结论。

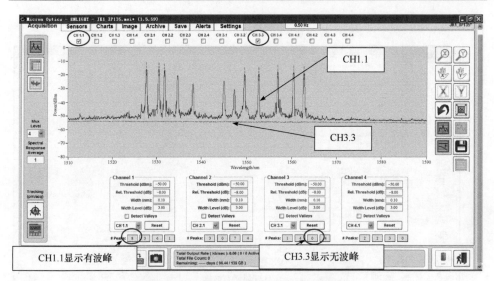

图 4-31　CH1.1、CH3.3 通道原始光谱图

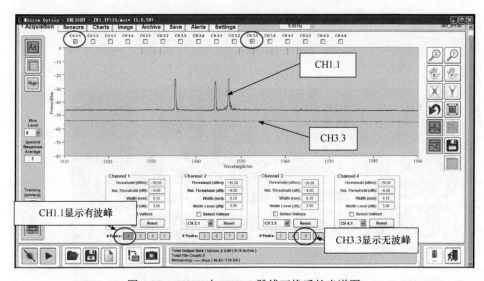

图 4-32　CH1.1 与 CH3.3 跳线互换后的光谱图

　　(3) CH1.1、CH4.4 通道原始光谱如图 4-33 所示，CH1.1 与 CH4.4 跳线互换后的光谱图如图 4-34 所示。

　　通过将 CH1.1 与 CH4.4 原始光谱图与跳线互换后的光谱图对比，可得出解调仪 CH4.4 通道损坏，CH1.1 通道原始连接的光纤线路正常(排查原理参考排查 CH3.3 通道的原理)的结论。至此，JK2 断面的三个异常通道已排查完毕，其中解调仪 CH2.2 通道异常原因为传感器故障，解调仪 CH3.3 与 CH4.4 通道异常原因为通道损坏。

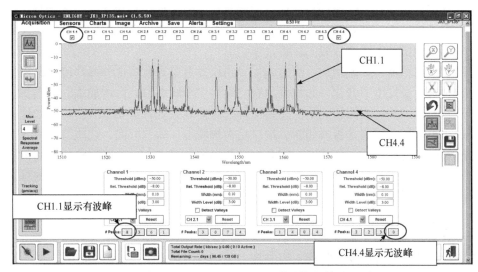

图 4-33　CH1.1、CH4.4 通道原始光谱图

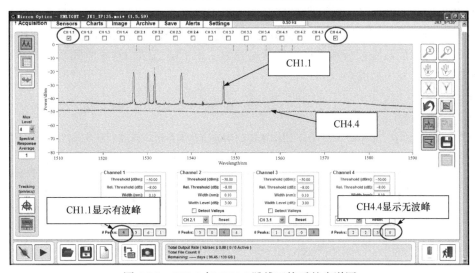

图 4-34　CH1.1 与 CH4.4 跳线互换后的光谱图

4.3.4　维护周期

1）日常管理

每日都需要进行监测系统工作状态的常规检查，监测系统的工作环境日常管理宜每周进行一次。

2) 定期检查与临时性维护

定期检查与临时性维护是根据以往监测系统的运行状态和所处的环境制订周期性的维护计划，针对局部关键设备或全部设备，进行每周一次、每月一次或每半年一次的维护，周期一般不应超过半年。

当河流汛期、车流增加、周边施工、结构改造等导致隧道外部环境、结构荷载或结构自身发生了变化，影响到原有的结构安全状态时，可增加临时性维护。

临时性维护一方面须评估上述特殊情况对监测系统自身安全的影响，如传感器是否被损坏、线路是否被切断、端口是否松脱等；另一方面，这些特殊情况会直接影响隧道结构的安全状态，因此有必要提高监测频率。这些特殊情况加重了传感器、采集站和服务器等仪器设备的工作负担，临时性维护对保证系统的可靠性十分有必要。

3) 异常处置

异常处置是指在隧道遭遇自然灾害(如地震、水淹)、交通事故引起的撞击、火灾、大范围电气故障、临近工程的施工破坏或网络攻击等特殊情况下，监测系统出现了严重的报警或故障，对其采取的响应机制和应急措施。紧急维护一般由具备丰富专业知识的工程师带领团队制订针对性的维护方案，对影响范围内的设备进行全面检查(有必要时会在拆卸后进行进一步检查)，对故障部分提出替代方案，并对日后系统运行和养护工作提出建议。水下隧道结构健康监测系统异常处置应在异常发生后的 24 小时内进行。

参 考 文 献

[1] 唐璇, 张忠宇, 陈喜坤, 等. 水下盾构隧道结构健康监测系统运营现状及展望[J]. 现代交通技术, 2020, 17(4): 33-38.

[2] 傅道兴, 王涛. 南京应天大街长江隧道结构健康监测系统研究与应用[J]. 南京工程学院学报(自然科学版), 2016, 14(4): 22-27.

[3] 王军, 张巍. 南京应天大街长江隧道管片结构健康监测系统设计与应用[J]. 地下工程与隧道, 2009, (3): 5-8, 13, 56.

[4] 王燕平, 张忠宇, 张小兵, 等. 水下大直径盾构隧道结构变形及养护措施[J]. 现代交通技术, 2020, 17(4): 53-58, 69.

[5] 李晓军, 洪弼宸, 杨志豪. 盾构隧道结构健康监测系统设计及若干关键问题的探讨[J]. 现代隧道技术, 2017, 54(1): 17-23.

[6] 王波. 厦门翔安海底隧道土建结构维修养护计算机管理系统[D]. 成都: 西南交通大学, 2009.

[7] 邵新鹏, 钱宇音, 倪一清. 结构健康监测系统与巡检养护管理系统在青岛海湾大桥上的一体化设计[J]. 公路, 2009, (9): 201-205.

第5章 水下隧道结构健康监测系统的升级改造

通常而言,水下隧道结构健康监测系统运行10～15年将会逐渐出现传感器存活率降低、线缆老化、相关设备故障等不良状况。此外,水下隧道结构性能经过十年的演化,发生病害的概率逐渐增大,对结构安全监测提出新的要求,因此产生了对既有水下隧道结构健康监测系统定期进行升级改造的需求。本章分析水下隧道结构健康监测系统升级改造的难点,通过对南京应天大街长江隧道结构健康监测系统升级改造项目开展过程的论述,总结相关经验和成果,为类似工程的实施提供借鉴。

5.1 水下隧道结构健康监测系统升级改造分析

5.1.1 升级改造时机

目前,何时开展水下隧道结构健康监测系统的升级改造,业内尚无统一认识[1]。一般而言,系统应在运行10～15年后对系统进行全面排查,排查后形成排查报告,报告中包括水下隧道结构安全状态分析、系统传感器模块分析、数据采集与传输模块分析、数据处理与管理模块分析等内容[2],基于排查报告,组织相关专家讨论后确认系统是否需要进一步开展升级改造工程。南京应天大街长江隧道结构健康监测系统历程如图5-1所示。

图 5-1 南京应天大街长江隧道结构健康监测系统历程

5.1.2　升级改造重难点

水下隧道结构健康监测系统升级改造的重点是对原有系统和系统监测数据的结合。在升级改造设计过程中，应关注原有系统中硬件的再利用，如铠装光纤、部分传感器、采集设备等性能良好的硬件，充分发挥原有系统的价值，避免资源的浪费。此外，运行数年累积的数据如何在新系统中进行反映也应重点关注，水下隧道运行前十年的变形对未来变形趋势具有决定性作用，应在新系统中予以合理展示[3]。

如何对预埋式传感器进行合理替代是水下隧道结构健康监测系统升级改造的难点，隧道已处于运行阶段，不具备替换预埋式传感器的条件，因此需要采用表面式传感器进行替换或采用其他监测指标进行间接反映，例如，隧道内预埋的应变计、温度计可采用同位置表面式应变计、温度计进行替换，以保证数据的连续性。无法继续观测的项目如衬砌外土、水压力等，可予以舍弃，并采用监测接缝伸缩量、管片错台量等来考虑隧道外土、水压力对隧道渗漏水等方面的影响[4-6]。

5.2　南京应天大街长江隧道结构健康监测系统升级改造工程

南京应天大街长江隧道结构健康监测系统升级改造工程于2019年3月开始筹划，2019年12月开始施工，2020年10月30日完成交工验收，项目总体历时19个月，经历了既有系统的排查、健康监测方案设计、招投标、施工图设计、现场施工等阶段。

5.2.1　既有系统现状及升级改造的必要性

南京应天大街长江隧道结构健康监测系统升级改造前面临的主要问题为：

(1) 监测项目存在部分缺项，部分传感器已经损坏或失效，导致监测系统在线监测的功能大幅度下降；

(2) 监测系统相关采集、通信设备老化，导致监测系统通信不稳定，存储功能不足。

基于上述问题，南京应天大街长江隧道管理单位组织了排查工作，得出的主要结论如下：

(1) 监测项目缺项严重；

(2) 传感器整体存活率为 40%，且预埋式传感器读数异常偏多，维修更换较为困难；

(3) 大部分传感器的性能指标已不能满足监测要求；

(4) 传感器预警值设置不当，报警频繁但经检查结构并无问题；

(5) 现有系统报告、报表功能不完善；

(6) 上位机软件经常误报错，需要人工手动进行软件重启。

排查结论认为，现有水下隧道结构健康监测系统软/硬件性能均已无法满足连续稳定监测的要求，开展系统的升级改造工作非常有必要。此外，根据《南京长江隧道运营期监测及检测报告 2019 年第 3 期》结论：隧道部分 3 个测点累积沉降量达到 19mm，需重点关注累积沉降量较大的部位。隧道结构整体沉降的累积对水下隧道结构健康监测系统的监测项目和测点布置提出了新的要求，因此有必要重新对系统进行梳理和设计。

5.2.2　监测内容

合理选择监测内容是监测系统发挥功能的关键，监测系统的升级改造应考虑既有监测内容的延续性，原系统监测内容与升级改造系统监测内容的对比如表 5-1 所示。

表 5-1　原系统监测内容与升级改造系统监测内容的对比

原系统监测内容	升级改造系统监测内容	备注
土压力	—	不具备监测条件，不监测
水压力	—	不具备监测条件，不监测
接缝张开量	接缝张开量	补充测点，继续监测
螺栓受力	—	不具备监测条件，不监测
管片混凝土应变	混凝土表面应变	埋入式改为表面式
钢筋应变	—	不具备监测条件，不监测
混凝土温度	—	不具备监测条件，不监测
混凝土腐蚀	—	不具备监测条件，不监测
—	不均匀沉降	补充考虑隧道不均匀沉降的影响
—	管片倾斜与偏转	补充考虑隧道断面收敛的影响
—	地震动	补充考虑地震动的影响
—	接缝错台	补充考虑接缝错台的影响

为了更加全面地掌握隧道变形的情况，升级改造系统将监测位置划分为区段，在区段内统筹考虑测点布置。选取的监测区段主要以累积沉降最大处、管片覆土厚度最小点、盾构始发位置、大堤、变坡点、江中为重点，区段长 50～150m。主要监测区段布设如表 5-2 所示。

表 5-2　主要监测区段布设一览表

序号	监测段	监测区段里程		断面总数	备注
		左线	右线		
1	浦口竖井	LK3+765～LK3+815	RK3+763～RK3+813	4	—
2	浦口大堤	LK4+375～LK4+483	RK4+371～RK4+483	6	穿堤段
3	江中	LK5+149～LK5+249	RK5+151～RK5+253	6	靠近河床，历年冲刷最低点
4	梅子洲大堤	LK6+245～LK6+381	RK6+227～RK6+381	8	沉降最大处(4个断面)
5	梅子洲竖井	LK6+561～LK6+611	RK6+563～RK6+605	4	—
6	覆土厚度最小点	LK6+043～LK6+133	RK6+041～RK6+133	6	—

　　监测区段测点分布如图 5-2 所示，区段内总体上 50m 设置一处多测点监测断面。此外，纵向不均匀沉降在区段内 25m 设置一处测点，断面间环缝监测 5～8m 设置一处测点。采集站布设在区段中部。

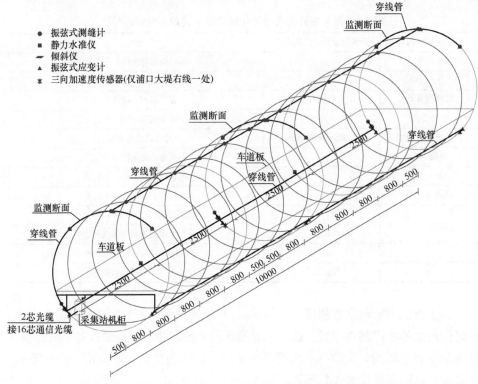

图 5-2　监测区段测点分布(以浦口大堤监测区段为例，单位为 cm)

1. 接缝张开量监测

隧道接缝张开量是一项重要的监测内容,是不均匀沉降的重要辅助监测指标,涉及止水的效果和安全储备,关乎止水条的错动和张开位移。接缝止水作为隧道接头密封防水的首道防线,其工作状态是反映接头结构寿命和隧道止水安全性能的关键。对接头变形量进行监测,能确定当前止水带压缩状况,从而估算止水带的剩余压缩量,确定止水带安全止水的预警值,了解管节间地下水渗漏的可能性。因此,隧道接缝张开量是与隧道止水安全性能直接相关的最重要指标。接缝张开量监测包括断面环缝监测、断面间环缝监测及断面纵缝监测,采用振弦式测缝计。

1) 断面环缝监测

各区段每隔 50m 布设一个监测断面,每个断面的拱顶及两侧拱腰布设三个环缝张开度测点。区段关键监测断面环缝测缝计安装布置示意图如图 5-3 所示,区段关键监测断面环缝测缝计数量汇总如表 5-3 所示。

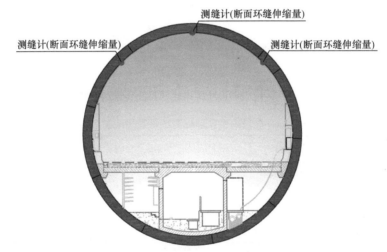

图 5-3　区段关键监测断面环缝测缝计安装布置示意图

表 5-3　区段关键监测断面环缝测缝计数量汇总表

序号	监测段	左线数量/支	右线数量/支
1	浦口竖井	6	6
2	浦口大堤	9	9
3	江中	9	9
4	梅子洲大堤	12	12
5	梅子洲竖井	6	6
6	覆土厚度最小点	9	9

2) 断面间环缝监测

在上述监测断面两侧进行管片环缝张开量监测,相邻两环缝布设一个监测点,测点位于拱顶, 用于监测该区段内的管片整体张开量线形。区段内拱顶环缝测缝计安装布置如图 5-4 所示, 区段内拱顶环缝测缝计数量汇总如表 5-4 所示。

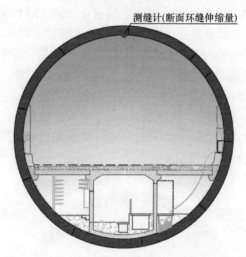

图 5-4   区段内拱顶环缝测缝计安装布置示意图

表 5-4   区段内拱顶环缝测缝计数量汇总表

序号	监测段	左线数量/支	右线数量/支
1	浦口竖井	8	8
2	浦口大堤	12	12
3	江中	12	12
4	梅子洲大堤	16	16
5	梅子洲竖井	8	8
6	覆土厚度最小点	12	12

3) 断面纵缝监测

各区段每隔 50m 布设一个监测断面,每个断面布设三个测点,测点布设在拱顶及两侧。区段关键监测断面管片纵缝应变计安装布置示意图如图 5-5 所示,区段关键监测断面管片纵缝应变计数量汇总如表 5-5 所示。纵缝的变形量一般较小,因此采用振弦式应变计进行缝宽监测。

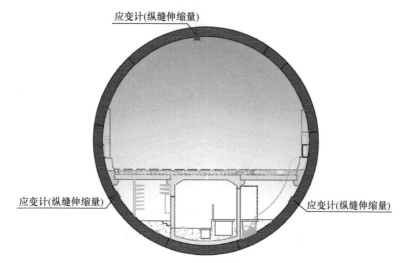

图 5-5　区段关键监测断面管片纵缝应变计安装布置示意图

表 5-5　区段关键监测断面管片纵缝应变计数量汇总表

序号	监测段	左线数量/支	右线数量/支
1	浦口竖井	6	6
2	浦口大堤	9	9
3	江中	9	9
4	梅子洲大堤	12	12
5	梅子洲竖井	6	6
6	覆土厚度最小点	9	9

2. 纵向不均匀沉降监测

结构的不均匀沉降是常见工程病害之一，不同节段的地质条件不同或施工扰动不均等造成沉降量出现不同，从而形成接缝错台，影响接缝止水带的止水效果，造成结构渗漏水。此外，结构的沉降量不同导致结构之间接触，混凝土压裂，极易造成结构损伤。因此，不均匀沉降的监测是重要指标。纵向不均匀沉降采用静力水准仪进行监测，在每个区段内(除两端工作井)，间距 25m 布置 1 台静力水准仪。区段内静力水准仪安装布置示意图如图 5-6 所示，区段内静力水准仪数量汇总如表 5-6 所示。

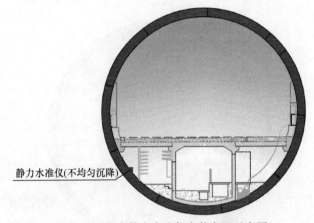

静力水准仪(不均匀沉降)

图 5-6　区段内静力水准仪安装布置示意图

表 5-6　区段内静力水准仪数量汇总表

序号	监测段	左线数量/支	右线数量/支
1	浦口大堤	5	5
2	江中	5	5
3	梅子洲大堤	12	12
4	覆土厚度最小点	8	8

3. 管片错台监测

在各断面选择两个错台量较大的位置(除两端工作井)安装测缝计，观测接缝错台量的变化趋势，具体位置应依据现场已破开防火板的实际断面情况确定。管片错台监测点布置横断面如图 5-7 所示,区段内错台监测测缝计数量汇总如表 5-7 所示。

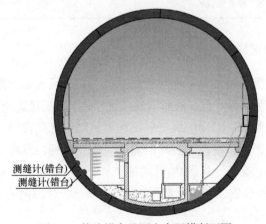

测缝计(错台)
测缝计(错台)

图 5-7　管片错台监测点布置横断面图

表 5-7　区段内错台监测测缝计数量汇总表

序号	监测段	左线数量/支	右线数量/支
1	浦口大堤	6	6
2	江中	6	6
3	梅子洲大堤	8	8
4	覆土厚度最小点	6	6

4. 管片倾斜与偏转监测

盾构法水下隧道掘进拼装过程中，需要对盾构倾斜及其位置进行控制，施工控制精度不足引起拼装后管片内力分布与设计存在偏差，从而在运营过程中管片逐渐出现倾斜与偏转，这种变形对盾构管片环的整体椭圆度造成了影响，内力分布不均进一步加剧，可能导致管片之间磕碰掉块，威胁隧道的结构安全。因此，管片倾斜与偏转的监测是重要指标。

在监测断面处安装高精度倾斜仪，当该监测断面管片发生偏转时，传感器的倾角读数会发生变化，能够通过倾角变化计算出管片的偏转及相对沉降位移，并且可根据各测点倾角的变化拟合出隧道纵向沉降曲线。

考虑到管片的倾斜与偏转主要和上方河床扰动有关，监测断面布设于两侧大堤、江中及覆土厚度最小点，其中覆土厚度最小点为 100m 监测区段，布设 3 个监测断面，每个监测断面布设 3 个测点，分别位于顶部、左墙和右墙；其余位置布设 1 个监测断面，每个监测断面布设 1 个测点，布设于拱顶。倾斜仪测点布置如图 5-8 所示，区段内倾斜仪数量汇总如表 5-8 所示。

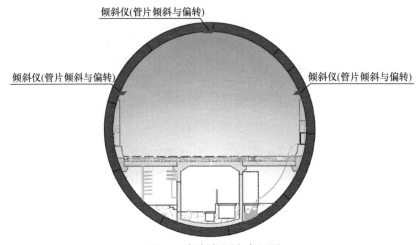

图 5-8　倾斜仪测点布置图

表 5-8　区段内倾斜仪数量汇总表

序号	监测段	左线数量/支	右线数量/支
1	浦口大堤	1	1
2	江中	1	1
3	梅子洲大堤	1	1
4	覆土厚度最小点	9	9

5. 结构应力监测

运营期隧道管片的结构应力是判断结构安全最直接的指标，结构损伤状态往往将导致应力超限或应力分布异常，通过应变监测，实时掌握各关键部位在车辆荷载、汛期、温度场和地震等外荷载作用下的应力情况，可直接判断测试位置应力是否处于安全水平。

采用振弦式应变计进行应变监测，在每个监测断面的拱肩位置沿 90°布置 2 个监测点(除两端工作井)，监测沿隧道轴向、径向的应变，每个监测断面共布置 8 个测点。应变计测点布置如图 5-9 所示，区段内应变计数量汇总如表 5-9 所示。

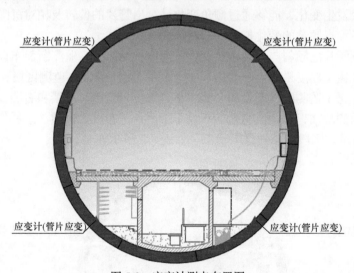

图 5-9　应变计测点布置图

表 5-9　区段内应变计数量汇总表

序号	监测段	左线数量/支	右线数量/支
1	浦口大堤	24	24
2	江中	24	24
3	梅子洲大堤	32	32
4	覆土厚度最小点	24	24

6. 地震动监测

国家地震监测管理条例规定，重大建设工程应建立地震动监测设施。地震动监测项主要监测隧道地震作用下的结构响应，采用三向地震仪监测地震、沉船等灾害事故，并记录时程曲线，为结构灾后评估提供依据。在浦口大堤区段选择一个监测断面布设三向加速度计进行隧道地震动响应监测，地震动监测测点布置如图 5-10 所示，区段内三向加速度计数量汇总如表 5-10 所示。

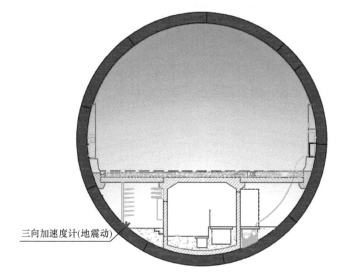

三向加速度计(地震动)

图 5-10　地震动监测测点布置图

表 5-10　区段内三向加速度计数量汇总表

序号	监测段	断面里程	右线数量/个	左线数量
1	浦口大堤	RK4+425	1	—

7. 监测元件汇总

升级改造所使用的监测元件数量汇总如表 5-11 所示。

表 5-11　升级改造所使用的监测元件数量汇总表

监测元件	内容	位置	单位	断面数	总数
振弦式测缝计	环缝监测	断面间环缝	个	—	136
		监测断面	个	34	102
	错台监测	—	个	26	52
静力水准仪	不均匀沉降	—	个	44	60

续表

监测元件	内容	位置	单位	断面数	总数
倾斜仪	管片倾斜	—	个	12	24
应变计	应力监测	—	个	34	208
	纵缝监测	—	个	34	102
三向加速度计	地震动	—	个	1	1

8. 元件安装流程

通过现场详细考察后，根据工程总体施工计划的安排，制订施工计划，由具有丰富施工经验的专业人员负责实施，系统总体施工流程、仪器安装及初步运行流程分别如图 5-11 和图 5-12 所示。

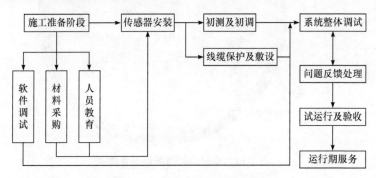

图 5-11　系统总体施工流程图

9. 元件保护措施

1) 监测元件、仪器设备保护

监测元件、仪器设备在施工现场易出现磕碰损坏等情况，因此需要制定设备保护措施，包括以下内容。

(1) 监测元件、仪器设备进场前，必须开箱进行初步检验和测试，若发现存在不良监测仪器及设备，则应立即退回更换，监测元件和仪器设备不得在现场开机检修，严禁有问题的监测元件和仪器设备进场安装。

(2) 在传感器的安装过程中，严禁对传感器进行任何的弯、扭以及敲击碰撞等，否则有可能造成传感器的损坏(图 5-13)。

(3) 传感器及设备的调试必须严格按有关要求进行，防止在调试过程中突然断电对仪器造成损坏，同时必须避免在雷雨天进行通电调试。

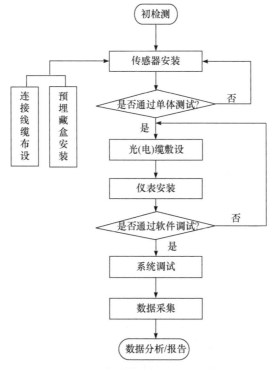

图 5-12　仪器安装及初步运行流程图

图 5-13　传感器及保护罩安装

(4) 传感器、传输线缆及设备必须以醒目标志警示，并注意进行保护，以防止机械损坏和进水。

(5) 安装系统正式运行之前，采取施工方安全人员轮流检查责任制，定期、定时、定人做好安全检查。

(6) 使用前看有无损伤，确保机具的正确使用。

(7) 手持电动工具、切割机必须有防护罩。

2) 线缆保护及标识

现场施工时，线缆施工需要满足以下要求。

(1) 线缆敷设、安装、接续、测试等符合国家相关标准。

(2) 施工前需要对电缆、信号线的检验合格证、规格、程式、指标等进行开盘检验。

(3) 线缆敷设时应注意保护线缆完好，防止损伤，发现护层损伤应及时修复。

(4) 敷设线缆应考虑预留一定的长度，线缆端头必须进行严格密封防潮处理，不得浸水。

(5) 弱电线缆与电源电缆应尽可能分开布放，电缆布放横平竖直，交叉时必须垂直交越，电缆不得有中间接头，电缆弯曲半径不得小于电缆直径的15 倍。

(6) 线缆绑扎要牢固、松紧适度、扣距均匀、线束顺直、出线整齐准确。

(7) 线缆两端必须有明显的永久性线号标识，线缆焊接点要牢固、光滑均匀，不得有冷焊、漏焊、假焊和错焊。光缆熔接处应有很好的保护，保护体应有足够的强度。

监测项目传感器数量众多，为便于现场故障排查及区分各条线缆两端的连接对象，需要在线缆两端做好线缆标识。线缆标识应满足以下要求。

(1) 标识主体内容应清晰可见。

(2) 标识采用旗形方式张贴，标签之间有明显层次，互不遮挡。

(3) 所有电源线、信号线、光纤需贴有标识。

(4) 标识内容符合规范，注明本端和远端位置等，不得使用简单数字表示。

(5) 标识在距线缆端头 2cm 处张贴。

(6) 编号规则应能明确识别每个传感器及设备。

5.2.3　监测软件系统

1. 软件系统概述

从整体上看，水下隧道结构健康监测系统包括数据采集与传输子系统、中心数据库子系统、结构安全预警与综合评价子系统、用户界面子系统，如图 5-14 所示。从系统组建角度，包括硬件系统和软件系统，硬件系统一般包括传感器、采集仪、交换机、服务器、工控机、工作站等，软件系统一般包括数据采集软件(采集端)、数据库软件(服务器端)、数据分析管理软件(服务器端)、数据展示管理软件(网页端)等。

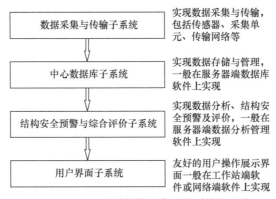

图 5-14　水下隧道结构健康监测系统的组成

该软件将采用 B/S 架构，在客户端网页中可实现隧道结构三维(3D)可视化展示、监测点数据运行状况显示、健康监测数据分析与统计、生成数据报告以及各自系统的管理等功能。

获取采集数据部分，为保证系统稳定性及确保开发进度，系统不直接连接传感器，也不直接从传感器中读取采集数据，系统将对接采集仪软件，向采集仪软件发送相关指令获取传感器数据。软件系统将成为传感器自动采集数据的中心管理平台、隧道监测运行状态及可视化展示平台、监测数据的综合分析平台、智慧管养决策支持平台。

2. 系统功能框架

南京应天大街长江隧道结构健康监测软件采用 B/S 架构，使用者在个人计算机(personal computer，PC)端(也支持大部分移动终端)通过主流浏览器进入系统，所有的操作均通过浏览器网页完成，客户端无须安装额外的插件。整个软件系统由数据采集、结构分析和评定、预警管理与数据展现、维护管养、设备管理及系统管理等模块组成，软件系统功能模块和结构健康监测系统界面展示图分别如图 5-15 和图 5-16 所示。

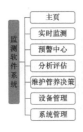

图 5-15　软件系统功能模块

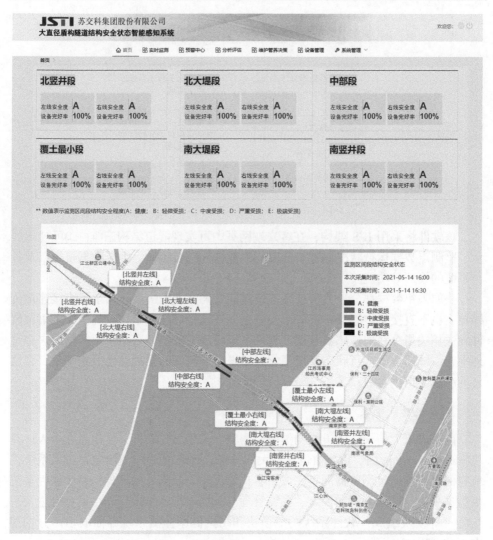

图 5-16 结构健康监测系统界面展示图

3. 系统技术框架

当今世界，信息技术创新日新月异，数字化、网络化、智能化深入发展，整个社会已经进入"大智移云"时代。对水下隧道结构健康监测系统来说，采用当前主流的技术构建软件系统是必然之选。对软件系统来说，核心内容是对海量结构监测数据的管理与利用，因此水下隧道结构健康监测系统在技术设计方面必须考虑采用大数据存储及分析技术。此外，水下隧道结构健康监测系统重点考虑的是对数据的展示与分析应尽量直观、多维度。南京应天大街长江隧道结构健康监测系统采用基于大数据存储与分析的技术架构，如图 5-17 所示。

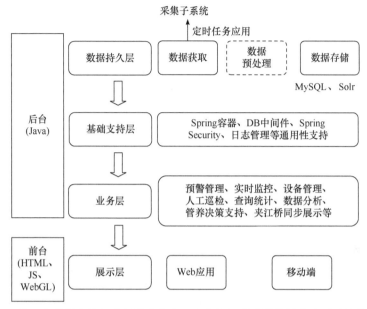

图 5-17　基于大数据存储与分析的南京应天大街长江隧道结构健康监测系统技术架构

　　系统的技术架构由上至下依次是数据持久层、基础支持层、业务层和展示层。其中，数据持久层是整个平台的底层，通过定时任务应用从采集子系统中获取数据，由数据实际质量效果决定数据预处理步骤，将采集到的数据进行持久化存储。基础支持层为软件系统通用性基础支持功能，是独立于业务领域的抽象功能，建立完善的基础支持层为系统开发调试及维护工作奠定了扎实的基础，使得时间可控、质量可靠。业务层中，对各类传感器设备进行管理，实现特定的业务操作，将结合南京应天大街长江隧道结构健康监测实际管理工作需求，定制开发业务模块。展示层中，针对管理业务需求，实现对各类业务的综合管理和多业务单元之间的数据交互、业务联动和综合分析决策，其主要有 Web 端应用和移动端应用。

5.2.4　监测预警报警体系设计

　　水下隧道结构健康监测预警报警体系包括数据处理模块和分级预警报警模块，属于水下隧道结构健康监测系统中的监测信息化平台子系统。

　　1. 数据处理模块

　　运营环境、仪器质量等因素会对水下隧道结构健康监测系统的监测工作产生不同程度的干扰，使得监测数据产生误差、粗差，从而有可能影响隧道结构稳定性分析判定的准确性。监测数据中的误差一般指系统误差和偶然误差，系统误差和偶然误差的存在是一种正常现象，只要误差不超过限值，所得监测结果即可认为是可接受的。当误差超过限值时，会引起监测数据的歪曲，使其表现出极大的异常，严重偏离真实值，称为粗差。粗差多是由机械冲击、外界振动、电压突变等引起仪器显示值或被测对象的改变而产生的。在利用监测数据进行分析时，首先要对粗差进行检验、剔除、补全，然后对系统误差和偶然误差进行降噪处理，获得真实数据的最优估计，提高结构稳定性评定的准确性，数据粗差检验流程如图 5-18 所示。

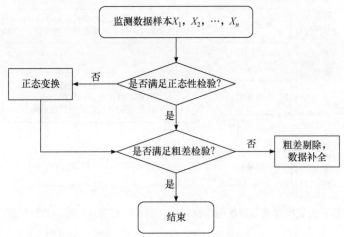

图 5-18　数据粗差检验流程图

由于各种原因，测量数据中不可避免地含有系统误差和偶然误差，为使测量数据尽可能接近真实值，需要对监测数据进行降噪处理。小波分析在工程中的应用最早是在地球物理学科，该方法用来分析通过爆炸方法产生的人造地震数据。经过多年的发展，小波分析在数据降噪等诸多领域得到了广泛的应用。小波降噪的基本原理是依据小波分解系数中信号系数和噪声系数在不同尺度上具有不同性质的原理，构造相应规则对噪声进行处理，在最大限度保留真实信号的同时，尽可能地减小甚至完全剔除噪声，从而获得真实信号的最优估计，此处"最优"的定义依赖于具体问题，最优分解层数算法流程如图 5-19 所示。

2. 分级预警报警模块

针对确定隧道结构安全性评价中的预警值问题，较为常用的解决方法如下。

(1) 利用所获得的监测数据对外荷载和结构响应进行回归分析，构建外荷载与结构响应的函数关系，然后通过基于运营期结构可能承受的最大外荷载来确定相关评价指标的预警值。

(2) 当监测数据量较大时，可利用数理统计的方法确定评价指标的概率分布，选择概率分布的某一分位数作为评价指标的预警值。

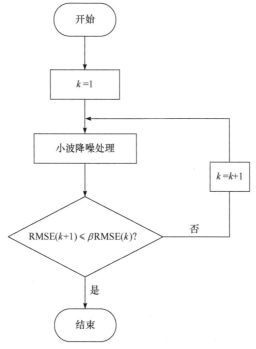

图 5-19　最优分解层数算法流程
RMSE 代表均方根误差

(3) 通过假定运营期结构可能遭受的不同工况，利用数值模拟的方法确定不同荷载下结构评价指标的预警值。

目前，确定隧道结构健康监测中评价指标的预警值尚无普遍认可的方法，大部分情况下需要根据具体的工程开展分析，进而确定评价指标的预警值。实施过程中，在搜集南京应天大街长江隧道工程资料的基础上，以方法(1)为基础，并结合现有规范给定的预警值，后期根据监测数据，基于方法(2)提供的数理统计方法对预警值进行修订。

5.2.5　监测系统维护措施

南京应天大街长江隧道结构健康监测系统的维护内容包括硬件系统维护、软件系统维护及其他相关维护工作。

监测系统设备在保修期内确需更换的部件，应在 1 周以内提供项目专项同等质量、性能的备件，以确保设备的正常运行。在开展监测系统维护工作期间，应确保监测系统在故障出现 4 小时内响应，维护人员 24 小时内达到现场，72 小时内处理完毕；缺陷责任期内每季度进行一次数据分析，并提交数据分析报告。

5.3　南京应天大街长江隧道结构健康监测系统深化设计施工要点

水下隧道结构健康监测系统深化设计施工过程中，应根据系统情况针对性开展系统组网、数据分析、预警等内容的深化，对于与现场不符的情况应及时提交变更联系单。

(1) 在项目内容和现场传感器布设要求的基础上进行了系统组网，提出了南京应天大街长江隧道结构健康监测系统的网络架构(图 5-20)。信息化平台采用了 B/S 架构，采用网页浏览器进行操作，提供三维动态显示功能，能够实现变形、应力等监测数据实时显示等功能，支持智能终端手机软件(application，APP)从服务器获取用户数据、结构数据等，以便在紧急情况下使用。

(2) 在数据分析及预警方面，以莱茵达准则、爱泼斯-普利检验法、Johnson 曲线拟合法为基础，分别进行数据的粗差检验、正态性检验和正态变换，采用出现概率小于 5%对应值作为预警值，进而构建了以功效系数法将隧道安全性划分为健康、轻微受损、中度受损、严重受损、极端受损五个健康状态的结构健康评价体系。

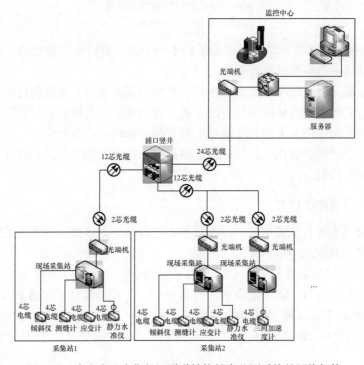

图 5-20　南京应天大街长江隧道结构健康监测系统的网络架构

(3) 南京应天大街长江隧道行车道层弧形顶面走线难度较大，既要避免长期使用过程中高空坠物的风险，又要满足后期检修的要求，因此采用了桥架+固定支座(1m/处)的安装方式(图 5-21)，较好地解决了施工安全问题，也满足了传感器检修的相关要求。

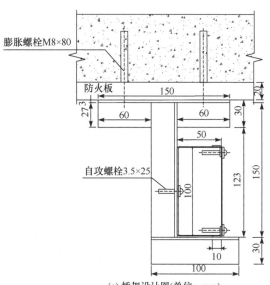

(a) 桥架设计图(单位: mm)

(b) 桥架安装图

(c) 桥架施工图

图 5-21　行车道层传感器桥架安装

(4) 采集仪通道数与传感器数量在不同区域存在一些差异，需要重新配置采集仪及拓展模块通道。12 台采集仪主机(8～40 通道)+28 台扩展模块(8 通道)的配置数量和通道数不满足传感器数量要求，根据传感器的数量及分布情况深化设计后，采取 12 台采集仪主机(5 通道)+40 台扩展模块(其中 16 台为 20 通道、其中 24 台为 16 通道)。

(5) 南京应天大街长江隧道行车道顶面全部覆盖防火板，且防火板接缝与管片接缝不拟合带来了传感器定位的困难，因此采取以定位方法确保传感器安装定位精度(图 5-22)：①确定安装环号，从逃生通道到廊道层，保证上、下层传感器安装在同一环上；②激光定位仪打光；③防撞侧石与装饰板接缝处寻找既有纵缝、环缝；④向上推算纵缝位置，标准块和邻接块按 4.47m 推算，封顶块按 1.49m 推算。

(a) 激光定位仪　　　(b) 隧道内装饰板　　　(c) 廊道　　　(d) 传感器位置标注

图 5-22　传感器定位精度保障措施

5.4　南京应天大街长江隧道结构健康监测系统升级改造过程的协调措施

作为南京应天大街长江隧道结构健康监测系统升级改造项目经理部，划定并明确智能化各子系统实施任务及智能化系统与其他工种之间的工作界面和责任，是其重要的职责之一，同时明确各设计、施工界面有利于工程有序、快捷地推进。

1. 施工界面划分

施工前应同建设单位、监理单位、施工配合单位进行施工界面划分，协调并形成施工界面划分文件，各方签字，共同遵守。

2. 与设计院进行协调

实施单位完成对设计图纸的消化和细化设计，根据工程实际对施工图纸和非标设备的制造进行详细设计，在工程施工阶段，提供非标产品的施工详(生产)图，按施工进展提供图纸，陆续提交相应的设计图纸和文件，经设计院批准和确认。

实施单位应对收到的图纸和技术文件进行仔细阅读和检查，并有责任发现其中可能存在的缺陷和错误，若发现有错误和表达不清之处，则应及时以书面方式通知设计院和施工工程师，使工程师及时在施工前做出修改和补充，以避免由此引起返工，造成经济损失。

3. 与建设业主进行协调

实施单位负责实现建设方的要求, 对项目涉及的制造、安装项目的全部设备(包括附属设备、附件、配件)和必要的工程进行相应的协调, 确保部件装配接口和设备安装接口正确无误, 并保证按项目完成后交付的设备完全配套, 配合业主和监理人员对项目的质量和功能进行核实。

参 考 文 献

[1] 唐璇, 张忠宇, 陈喜坤, 等. 水下盾构隧道结构健康监测系统运营现状及展望[J]. 现代交通技术, 2020, 17(4): 33-38.

[2] 王军, 张巍. 南京长江隧道管片结构健康监测系统设计与应用[J]. 地下工程与隧道, 2009, (3): 5-8, 13.

[3] 王燕平, 张忠宇, 张小兵, 等. 水下大直径盾构隧道结构变形及养护措施[J]. 现代交通技术, 2020, 17(4): 53-58, 69.

[4] 杨建平, 陈卫忠, 李明, 等. 水下盾构隧道运营期结构健康监测及响应规律分析[J]. 岩石力学与工程学报, 2021, 40(5): 902-915.

[5] Xu X C, Liu S Y, Tong L Y. Establishment of Nanchang Honggu tunnel health monitoring and assessment system[J]. Journal of Southeast University(English Edition), 2019, 35(2): 206-212.

[6] 陈卫忠, 李长俊, 曾灿军, 等. 大型水下盾构隧道结构健康监测系统的构建与应用[J]. 岩石力学与工程学报, 2018, 37(1): 1-13.

第6章 总结与展望

6.1 总　　结

随着越来越多水下隧道服役时间的增长，其结构安全问题逐渐凸显，采用水下隧道结构健康监测技术进行结构安全性能识别成为一种重要的管理手段，在这种背景下，如何开展结构健康监测的设计、实施和维护成为人们关注的问题。因此，本书对水下隧道结构健康监测技术与应用进行了梳理，以期推动水下隧道结构健康监测技术领域的进步，主要内容包括以下方面。

(1) 系统介绍了水下隧道发展现状与修建方法，阐明了水下隧道典型病害类型及其病害成因，分析了水下隧道结构健康监测的内容、水下隧道结构健康监测技术的发展现状等，加深了读者对水下隧道及其结构健康监测的认识。

(2) 阐明了水下隧道结构健康监测系统的核心内容，分别从水下隧道结构健康监测系统的总体设计、硬件和软件平台开发等角度展开研究，提出了水下隧道结构健康监测系统软/硬件架构和主要功能。

(3) 介绍了水下隧道结构健康监测系统在不同工法修建的水下隧道工程中的应用，分析了水下隧道结构健康监测系统的设计情况，揭示了水下隧道结构健康监测系统的成效，明确了水下隧道结构健康监测系统对确保隧道安全运营的重要意义。

(4) 基于运营水下隧道结构健康监测系统的排查工作，分析了运营水下隧道结构健康监测系统的现状，揭示了传感器模块的故障分布特性，阐明了水下隧道结构健康监测系统管理养护的必要性，建立了水下隧道结构健康监测系统的养护和管理体系。

(5) 分析了水下隧道结构健康监测系统升级改造的难点，基于南京应天大街长江隧道结构健康监测系统的现状，揭示了水下隧道结构健康监测系统升级改造的迫切性和必要性。从监测内容、监测软件系统、监测预警报警体系、监测系统维护措施等方面介绍了水下隧道结构健康监测系统升级改造的内容。

6.2 展　　望

水下隧道结构健康监测技术已经得到了较多推广应用，然而不同水下隧道具有其独特的工程特点，系统实施过程中不应全盘复制相关设计和施工经验，且水下隧道设计寿命长达百年，水下隧道结构安全是一个贯穿其全生命周期的话题，需要持续关注，并不断探索掌握水下隧道性能减退规律的方法，以期在合理的时间开展维修加固等工作。结合水下隧道结构健康监测发展的现状，可从以下几点开展后续的研究工作。

(1) 水下隧道结构健康监测内容之间的内在关系尚需探讨，水下隧道运营期出现的接缝伸缩、差异沉降、断面收敛、渗漏水、腐蚀、混凝土裂缝等病害之间的关系如何定量表达需要进一步分析。

(2) 传感器性能应进一步提升，目前传感器的使用寿命与隧道结构本体寿命之间尚有较大差距，应进一步研究全生命周期连续监测的理念和可行性。

(3) 分析分布式监测方法与成本之间的关系，重点结合光纤类等监测方式进行技术创新，在成本可控的基础上形成更加趋向于重点结合光纤技术等监测技术进行创新。

(4) 水下隧道结构健康监测细分领域的规范化应进一步加强，在大坝监测领域已形成了较为完善的监测规范体系，水下隧道应结合自身结构特点进一步在预警报警、传感器安装、综合布线、系统验收等方面形成较为完备的规范。